Männer WG

# Die Lösung ist eine Männer-WG

Roman

## Thorsten Peter

**Impressum:**

Thorsten Peter – Die Lösung ist eine Männer-WG (2014)

1. Auflage

www.thorsten-peter.de

© Thorsten Peter, 2014

Herstellung und Verlag:

BoD - Books on Demand, Norderstedt

ISBN: 9783738602463

# Kapitel 1 – Matthias

MATTHIAS!«, hatte er seinen Namen durch die ganze Wohnung hallen gehört. »Warum hängt die Jacke immer noch über dem Stuhl? Ich hab dir doch schon vor fünf Minuten gesagt, dass sie weg muss!«

Das Organ, das bei Matthias gerade Mark und Bein erschüttert hatte, gehörte zu seiner (noch) Freundin Bine. Den Kosenamen hatte er Sabine gegeben, als er noch nicht davon überzeugt gewesen war, dass das einzige was Sabine mit einer Biene gemeinsam hatte, der Stachel war. Die richtige Biene hatte immerhin noch den Vorteil, dass sie nach Benutzung des Stachels verendete. Bei seiner Bine war das nicht so gewesen. Sie konnte ihren Stachel pausenlos verwenden. Manchmal dachte er, sie würde nur noch aus Stachel bestehen. Es war Matthias unerklärlich, warum eine Jacke nicht auf die Lehne eines Stuhles gehören sollte. Sie hatte die perfekte Form dazu und schließlich hing seine Jacke ja sogar auf der Lehne des Stuhls, der sowieso nie benutzt wurde. Und außerdem war es ja auch ein Stück weit seine Wohnung. Zumindest hatte er sich das eingeredet, als sie gemeinsam eingezogen waren. Aber schon damals war schnell klar gewesen, dass hauptsächlich die Kosten und Pflichten geteilt wurden. Bevor Matthias sich versah, hatte er schon einen Plan am Kühlschrank hängen, der seine Freizeit nicht wirklich nach seinen Bedürfnissen eingeteilt hatte. Er hatte auch auf einmal Hobbys, die er zuvor nicht hatte. Hobbys von denen er gar nichts wusste. Und schon gleich nach dem ersten Saufgelage mit seinen Freunden hatte ihm Bine klargemacht, dass das so nicht funktionieren würde. Schließlich seien sie ja keine Kneipe. Sie könne unmöglich nach Alkohol stinkende Männer in ihrer Wohnung ertragen. Ein schöner Spieleabend mit ihren Freunden, das wäre nett. Matthias fand sich damit ab und musste aber feststellen, dass auch der gemeinsame Kneipenbesuch mit anschließendem Totalausfall nicht auf Bines Liste der akzeptablen Freizeitbeschäftigungen ihres Freundes stand. Das war ab dem nächsten Tag auch verboten. Auch das konnte er, in seiner immer noch anhaltenden Begeisterung für seine Freundin, ohne Probleme wegstecken. Irgendwann hatte sie ihm Nahe gelegt seine Haare abzuschneiden, die Lederjacke in den Schrank zu hängen, Stoffhosen anzuziehen und mit ihr am Samstag zu den Polohemdenträgern auf den Tennisplatz zu gehen. Tennis war eines der neuen Hobbys von denen er nichts wusste. Ihre Freunde heuchelten sogar ein reges Interesse an ihm. Sie konnten sich nie wirklich entscheiden, wer denn jetzt dem Matthias die

Bälle um die Ohren hauen sollte. In Matthias' Augen war Tennis der absolute Scheißsport und die Deppen in ihren netten weißen Höschen die letzte Gattung Mensch, die Matthias sich als Freundeskreis ausgesucht hätte. Zumindest waren die Tennisspieler, die er kennengelernt hatte, Deppen. Aber das konnte er ja seiner Bine nicht sagen. Sie hatte sich schließlich so gefreut, als sie ihm eine schicke Tennisausrüstung zum Geburtstag geschenkt hatte. Sie konnte ihre Begeisterung für ihre Wahnsinnsidee kaum in Grenzen halten und stellte fest, dass dies das beste Geschenk war, dass sie je einem Mann gemacht hatte. Und darauf hatte er sich verdammt noch mal was einzubilden. Es war ja auch naheliegend, dass ein langhaariger, lederjackentragender und am liebsten unrasierter Mann, ein Krokodil auf dem Polohemd haben wollte. Gleich nachdem die Haare ab waren und die Lederjacke im Kellerschrank dahinvegetierte.

Was ihn dann aber zum ersten Mal wirklich nachdenklich gemacht hatte, war die Aussage seiner Freundin, dass er früher irgendwie männlicher gewesen wäre. Als ob es seine Idee gewesen wäre, alles was ihm selbst männlich erschien, aus seinem Alltag auszuradieren. Genau diese Gedanken kamen ihm wieder in den Sinn, als er sein feines Jackett, welches mittlerweile die geliebte Lederjacke ersetzt hatte, von der Stuhllehne genommen hatte. Mit einem Lächeln im Gesicht ging er mit der Jacke an der Garderobe vorbei und lief an die Wohnungstür.

»Was machst du denn jetzt schon wieder?«, keifte ihm Bine ziemlich genervt hinterher. »Du bist an der Garderobe vorbei gelaufen.«

»Ich räume auf«, antwortete er in aller Ruhe, schaute sich zu seiner Freundin um und schenkte ihr im Hinausgehen ein Lächeln, das sie wiederum an seinem Geisteszustand zweifeln ließ. Für einen kurzen Moment hielt er inne, weil Bine wohl kurz davor stand, sich aufzublähen wie ein Kugelfisch bei Gefahr. Sie schnappte nach Luft und musste erst einmal mit der Tatsache fertig werden, dass ihr soeben indirekt widersprochen wurde. Leider kam er nicht in den Genuss dieses Naturschauspiels, zuckte, für seine Freundin völlig unverständlich, mit den Schultern, ging durch die Tür und knallte diese so richtig schön laut zu. Das wollte er schon immer mal machen.

Matthias fühlte sich super und hüpfte beschwingt die Treppe hinunter zum Keller. Er blieb vor dem Mülleimer stehen, schaute diesen etwa fünf Minuten an und nahm seinen ganzen Mut zusammen. Er öffnete den Deckel und legte mit zitternder Hand, das Jackett in die Tonne. Er ließ den Deckel zufallen und ein überwältigendes Gefühl überkam ihn. Es war ein Stück Freiheit, eine kleine Revolution, die er selbst ausgelöst hatte.

»Jaaaaaa«, schrie er, und seine Stimme hallte durchs ganze Treppenhaus. Es überkam ihn ein Adrenalinschub, wie er ihn eigentlich nur bei gutem Sex hatte. Auf die Erörterung, wann das zum letzten Mal vorgekommen war, verzichtete er lieber aus Angst in eine tiefe Depression zu verfallen. Sein Blick schweifte nach links. Dort war in ihrem Kellerraum ein alter Schrank für Sachen, die nicht mehr, oder nicht mehr so oft gebraucht wurden. Unter anderem war genau da auch seine Lederjacke drin. Und auch sonst bestand dessen Inhalt zu etwa neunundneunzig Prozent, aus Sachen die Matthias, Bines Meinung nach zumindest, nicht mehr brauchen würde. Feierlich öffnete er die Tür und der Glanz des schwarzen Leders und der Nieten darauf, erhellten den ganzen Kellerraum. Er fühlte sich wie König Artus, als dieser den Auftrag vom Herrn höchstpersönlich bekommen hatte, den heiligen Gral zu suchen. Nur, dass seine Aufgabe weitaus einfacher umzusetzen war und eigentlich nur durch den modrigen Geruch, der aus dem Kerker seines Lieblingskleidungsstückes drang, formuliert wurde.

»Zieh mich an und betrink dich«, lautete die nicht falsch zu verstehende Aufforderung, die ihm geradewegs in Form einer nostalgischen Erinnerung aufgetragen wurde.

Er streifte die Jacke über und das verloren geglaubte Gefühl der Männlichkeit kam mit einem

Schlag zurück. Vergessen war die Qual des Anblicks seiner Stoffhosen und Leinenschläppchen, wie sie an ihm klebten, ohne jemals wirklich zu ihm zu gehören. Und dann ging auf einmal alles ziemlich schnell. Zumindest konnte sich Matthias am nächsten Nachmittag nur noch bruchstückhaft an den letzten Tag erinnern, als er mit furchtbaren Kopfschmerzen erwachte und ein sehr säuerlicher Geruch in seine Nase stieg, den er aber nicht gleich deuten konnte.

Er hatte sich am Vortag auf das Date mit seiner Lederjacke eingelassen und machte sich auf den Weg, eine dem Anlass entsprechende Lokalität zu finden, in der er ausgiebig das Wiedersehen mit seinem, schon fast verloren geglaubten, heiß geliebten Relikt aus guten Zeiten, feiern wollte. Es war ein Erfolg auf der ganzen Linie. Die Lederjacke verzieh ihm jeden Schluck Bier, den er über sie ergossen hatte, als er nicht mehr fähig war das Glas gerade zu halten. Völlig anders als die nichtsnutzigen Blazer, die ihm Bine mitgebracht hatte. Keine Stunde hätten sie durchgehalten. Sollten doch ihre bescheuerten Freunde aus dem Tennisclub diesen Mist anziehen und spazieren tragen. Für ihn war das nun endgültig vorbei.

Wie durch ein Wunder kam Matthias, auch wenn er sich nicht mehr daran erinnern konnte, unbeschadet zu Hause an. Er fand sogar noch, nachdem er morgens um vier Uhr mehrfach gegen die Tür gefallen war, das Schlüsselloch. Weil er seine Lederjacke schon so lange nicht mehr gesehen hatte, beschloss er kurzerhand in ihr zu schlafen. Was er dann auch umgehend tat - gleich nachdem er im Vorbeilaufen auf Bines Bettvorleger gekotzt hatte. Eigentlich kam er auf dem Weg an seine Seite nur an der Stirnseite des Bettes vorbei. Doch durch seine unkontrollierbaren Koordinationsprobleme bog er noch kurz in die Gasse zwischen Bines Bettseite und dem Kleiderschrank ein, entledigte sich seines gesamten Mageninhaltes und bekam nicht einmal ansatzweise mit, dass Bine durch den Schrei, den er bei seinem Missgeschick ausgestoßen hatte, wach geworden war.

Ihren Brief, in dem sie ihm lang und breit erklärt hatte, dass sie maßlos enttäuscht sei, kurzerhand bei ihm aus und bei Robert aus dem Tennisclub eingezogen sei, fand er erst später bei der Suche nach Kopfschmerztabletten. Am meisten wunderte ihn die Aussage, dass sie bei IHM ausgezogen sei. Bis vor ein paar Stunden war es maximal zu fünf Prozent seine Wohnung gewesen.

Im ersten Moment wollte er sich spontan über die neu gewonnene Freiheit freuen. Doch das klappte nicht auf Anhieb. Und das ließ ihn schon wieder sauer auf Bine werden. Warum konnte er sich denn jetzt nicht einmal über seine wieder gewonnene Unabhängigkeit freuen? Scheinbar hatte Bine sogar noch von Weitem die Fähigkeit ihm das Leben schwer zu machen. Wahrscheinlich saß sie gerade irgendwo und steckte Nadeln in den Kopf einer lederjackentragenden Voodoopuppe. Zumindest fühlte sich sein Kopf so an. Er beschloss die Kopfschmerzen ausnahmslos Bine zuzuschreiben und stellte sich dabei bildlich vor, wie sie bei Robert auf der Couch saß – mit der Puppe in der Hand. Er war mit Sicherheit furchtbar verständnisvoll, dieses elende Weichei.

Den Rest des Tages verbrachte Matthias fast ausschließlich in der Horizontalen. Und umso länger er darüber nachgedacht hatte, desto mehr freute er sich am Ende, dass Bine ihm diese Entscheidung abgenommen hatte. Trotzdem kam ganz sachte das Gefühl der Wehmut in ihm auf, weil er den gewohnten Ablauf etwas vermisste. Doch er kämpfte eisern und mit dröhnendem Schädel dagegen an. Ungefähr sechsundneunzig Mal stellte er sich vor, was Bine für ein Theater machen würde, wenn sie seine Lederjacke auf dem Boden herumliegen sehen würde. Er nahm sich vor, diese unverändert liegen zu lassen, bis er sie das nächste Mal anziehen würde.

# Kapitel 2 – Vitali

Vitali war das, was man sich so gar nicht unter dem typischen, aus Russland stammenden Mitbürger mit Migrationshintergrund vorstellte. Aber wer erfüllt sein Klischee auch schon zu hundert Prozent? Ein Deutscher isst ja auch nicht dreimal am Tag Sauerkraut. Vitali war die personifizierte Spießigkeit. Er organisierte sich und seine (noch) Freundin Swetlana bis in die Haarspitzen. Es gab nichts in der Wohnung, was nicht im rechten Winkel ausgerichtet war, oder seinen festen Platz hatte, an dem es spätestens abends ab acht Uhr wieder sein musste. Vitali entwickelte auch nach einem Jahr in der gemeinsamen Wohnung kein Gefühl dafür, dass Swetlana vielleicht gelegentlich andere Vorstellungen von einem harmonischen und lockeren Zusammenleben haben könnte. Sie schämte sich mittlerweile fast schon für seine Pedanterie, wenn sie am Samstagvormittag aus dem Fenster schaute und Vitali mit Sauger und Verlängerungskabel, neben der geöffneten Motorhaube seines blitzblank polierten BMW's stehen sah. Er hatte die Marotte auch seinen Motorraum auszusaugen, was ihm regelmäßig die amüsierten Blicke seiner Nachbarn einbrachte.

Swetlana hätte sich gewünscht, ganz im Gegensatz zu Bine, dass ihr Vitali endlich mal einen draufmachen und seine Jacke locker über den Stuhl werfen würde. Aber die hing immer fein säuberlich an der Garderobe. Wenn er genau wusste, dass er sie länger nicht anziehen würde, kam sie in eine Hülle.

»Vitali!«, rief Swetlana zur Straße hinunter und versuchte ihren Ärger über seine peinliche Saugaktion zu verdrängen. Sie erwischte ihn gerade in einer Saugpause, in der er mit seiner kleinen Taschenlampe die Ecken, des Motorraums ausleuchtete, und prüfte, ob sich nicht noch etwas Schmutz in den hintersten Ecken versteckt haben könnte.

»Was ist den so wichtig, dass du mich unterbrechen musst?«, rief er zurück und zog widerwillig seinen Kopf aus dem Motorraum. Vitali war wohl der einzige Mensch auf Erden, der es auch problemlos geschafft hätte, mit einem weißen Anzug das Auto zu putzen, ohne einen Dreckspritzer abzubekommen.

»Die Nachbarn haben gefragt, ob wir heute Abend zusammmen was trinken gehen wollen«, antwortete Swetlana und rechnete nicht wirklich mit einer positiven Antwort ihres Freundes.

»Geht nicht. Ich muss noch unbedingt die Ablage von unserem Schreibkram machen.«

»Kannst du das nicht einfach morgen machen?"

»Schatz, du weißt doch, dass Monatsende ist. Und ich mach das doch immer am Monatsende.«

Swetlana stieß einen langen Seufzer aus und fragte sich im selben Moment, warum sie den ganzen Mist hier eigentlich mitmachte. Ihr fiel kein wirklicher Grund ein. Denn selbst die sexuellen Praktiken, die in Vitalis geordnetes Weltbild passten, waren in etwa so aufregend, wie die Frage nach einem Brötchen mit groben oder feinen Körnern. Und in seinem BMW geht das ja erst recht nicht. Genauso wenig wie auf der Couch. Der Küchentisch war komplett tabu und im Freien könnten sich Zecken an ihm festbeißen. Sie war eigentlich immer davon ausgegangen, dass sich jeder Mann über eine sexuell aufgeschlossene Frau freuen würde. Aber bei ihrem Freund war das definitiv nicht so. Abzüglich allem, was irgendwie für Abwechslung hätte sorgen können, blieb nur die Missionarsstellung ohne Beleuchtung und unter der Decke übrig. Also konnte sie auch hier keinen Punkt für Vitali auf der Habenseite verbuchen. Eher zwölf dicke Minuspunkte. Dann gab es da ja auch noch die Sache mit der Eifersucht. Sie konnte noch nicht einmal alleine weggehen, ohne dass Vitali ihr eine Szene machte – auch hier kein Pluspunkt. Alles in allem kam sie nach reiflicher Überlegung und dem erneuten Anblick ihres Freundes, wie er sich über den Motorraum gebeugt hatte, den er gerade mit einer Zahnbürste bearbeitete, zu dem Entschluss, dass Vitali sie kreuzweise am Arsch lecken könne. Sie packte eine Tasche, gönnte sich noch die Freude, die Briefe aus seinem Ablagekörbchen durch das Wohnzimmer zu werfen und legte ihm einen Zettel auf den Tisch. Einen kleinen Abschiedsbrief sollte er trotzdem bekommen.

»Schlaf mit deinem BMW, frühstücke mit deinem Ablagekörbchen und unterhalte dich mit deinem Sauger, der dir sicher interessante Dinge über deinen Motorraum erzählen kann. Ich bin dann mal weg, vögle mit coolen Männern, frühstücke mit Freundinnen und irgendwann scheiß ich dir in den Motorraum. Liebe Grüße, Swetlana.«

Als Vitali den Brief fand, war Swetlana schon bei einer Freundin und blieb eisern, als er sich als verständnisvoll erwies und sie darum bat, wieder zurückzukommen. Es war ihm unverständlich, wie es soweit hatte kommen können, verschwendete aber keinen Gedanken daran, dass seine pingelige Art vielleicht wenigstens ein klein wenig dazu beigetragen haben könnte. Obwohl er eine unglaubliche Trauer empfand, redete er sich selbst ein, dass sie wohl einfach noch nicht reif genug für ihn war. Vielleicht würde sie sich ja irgendwann beruhigen und wieder zu ihm zurück wollen, dachte sich Vitali ernsthaft, als er gerade ein Blatt peinlich genau am Locher ausrichtete, den Hebel betätigte und die gelochten Stellen mit einem Verstärkungsring versah.

# Kapitel 3 – Aydin

Aydin war Halbtürke mit einer deutschen Mutter. Eine Tatsache, die es ihm nicht immer leicht machte, sich zwischen den Kulturen zurechtzufinden. Sein Name war so ziemlich das Einzige, was sein Vater durchsetzen konnte. Es gab viele Momente, in denen er dankbar war, dass seine Eltern so modern und locker waren. Allerdings empfand er gelegentlich seinen Vater als Weichei, weil er sich als Türke, im Gegensatz zu den anderen türkischen Vätern, die er kannte, schon ziemlich stark von seiner Mutter herumkommandieren lies. Allerdings stritten die beiden nie, und sein Vater kam mit der Situation prima zurecht.

Als Aydin mit seiner ebenfalls deutschen Freundin Lena zusammenzog, hatte er sich zumindest vorgenommen, eher den Türken als den Deutschen zu mimen und sich von ihr nichts vorschreiben zu lassen. Er hatte nur das Pech, dass Lena ihn nicht wirklich ernst nahm, wenn er sie zurechtweisen wollte. Schlimmer allerdings war die Tatsache, dass er es nicht fertig brachte, ihr deshalb böse zu sein und sich so, in seiner Vorstellung zumindest, immer mehr in die Nähe des Weicheis, das sein Vater manchmal für ihn darstellte, manövrierte. Er schaffte es einfach nicht, sich für eine Richtung zu entscheiden, was Lena natürlich schon lange erkannt hatte, und ihn in Konfliktsituationen an der ausgestreckten Hand verhungern ließ. Dummerweise verfiel er immer dann, wenn er etwas mit Nachdruck sagen wollte, in ein Deutsch, dass man eher von Kaya Yanars Hakan kannte, als von ihm.

»Ey, produzier misch net. Krieg isch voll den Agress sonst«, waren einmal seine Worte gewesen, als Lena, bei etwas wo es ihm nur um's Prinzip gegangen war, partout nicht seiner Meinung sein wollte.

»Alda, halt die Fress. Machst du Stress oder was?«, hatte sie ihm mit einem perfekt rollenden R als Antwort gegeben und sich gekugelt vor Lachen.

Das alles ärgerte ihn irgendwann so sehr, dass Aydin nicht mehr wusste, wie er sich denn nun überhaupt verhalten sollte. Er hatte zwar nicht wirklich einen Grund, aber er nahm sich trotzdem vor, sich von Lena zu trennen. Zumindest wollte er ihre Reaktion dabei sehen.

Doch selbst das nahm sie nicht für voll, als er ihr mit klopfendem Herzen seine Sicht der Dinge geschildert hatte.

»Wenn du meinst«, sagte sie nur ganz beiläufig und überzeugt davon, dass er es eh nicht ernst meinte.

»Ja, das mein ich. Ich zieh aus und du kannst schauen, wie du ohne mich klarkommst«, setzte er nach, in der Hoffnung, dass Lena nun endgültig zusammenbrechen und vor ihm auf die Knie fallen würde, um ihn zum Bleiben zu bewegen. Doch weit gefehlt.

»Mann, bist du ein Idiot«, warf sie ihm an den Kopf. »Ich dachte du weißt, was du willst. Aber da bin ich wohl daneben gelegen. Von mir aus verschwinde, aber komm nicht wieder angekrochen, wenn du merkst, dass du bei einer anderen mit deiner Pseudotürkenmasche auch nicht durchkommst. Wenn du ehrlich zu dir selbst bist, dann erkennst du von alleine, dass du mehr Deutscher als Türke bist. Und außerdem hat das, was du da manchmal an den Tag legst, doch überhaupt nichts mit türkischer Mentalität zu tun. Damit könnte ich nämlich umgehen. Du schiebst das doch nur vor. Aber tu dir keinen Zwang an. Mach, was du für richtig hältst.«

Lena drehte sich um und ließ ihn stehen wie einen begossenen Pudel. Sie ging durch das Treppenhaus hoch in die Wohnung ihrer Eltern, in deren Haus sie eine eigentlich geniale und saubillige Wohnung bezogen hatten.

»Scheiße«, fluchte Aydin vor sich hin. Der Ausgang der Auseinandersetzung war so überhaupt nicht geplant. Er hatte mit einer flehenden Lena gerechnet und stattdessen, ließ sie ihn hier stehen und hinderte ihn nicht einmal ansatzweise am Gehen. Um selbst noch einmal einen Rückzieher zu machen, war sein

verbliebener türkischer Reststolz, den er sich ein-
redete, allerdings viel zu groß. Nachdem nun sein
Plan, Lena auf diese Weise endlich in die Richtung zu
bringen, die er wollte, gründlich in die Hose gegangen
war und er widerwillig seine Sachen packte, wünschte
er sich plötzlich doch das Weichei, das er auf keinen
Fall werden wollte, zu sein. Hin und her gerissen
zwischen Stolz und Trauer siegte dramatischerweise
genau dieses Mal sein Stolz und er ging mit gesenktem
Haupt aus der Wohnung, um bei seinen Eltern ein
Nachtlager zu suchen. Aydin benutzte auf dem
Heimweg noch ungefähr einhundertsiebenund-
zwanzig mal das Wort „Scheiße" und nahm sich vor,
sofern Lena gar nicht zur Vernunft kommen würde,
doch noch einmal einen Schritt auf sie zu zugehen.

Doch bis er sich endlich dazu entschlossen hatte,
war es zu spät. Lena hatte kurzerhand entschieden,
für eine wohltätige Organisation ein Jahr in ein
Krisengebiet zu gehen, um dort Mutter Theresa zu
spielen. Sie war gerade mit ihrem Studium fertig gewesen und da ihr Freund scheinbar nicht mehr alle
Latten am Zaun hatte, wollte sie so Abstand zu allem
gewinnen. Auch wenn sie es nicht gezeigt hatte, traf
sie die Trennung schwer. Doch sie hatte keine Lust
mehr, immer wieder Erziehungsarbeit an einem Mann
zu leisten, der sich in vielen Dingen selbst im Weg
stand. Vielleicht musste er eine Weile alleine sein, um
wieder zu sich zu kommen.

Aus purer Verzweiflung meldete sich Aydin schon einen Tag später im Fitnesscenter an, um so seine Aggressionen zu verarbeiten. Das Probetraining absolvierte er mit zwei jungen Männern, die vielleicht ein bisschen älter als er waren, deren Laune aber mindestens genauso beschissen war, wie seine.

# Kapitel 4 – Das Probetraining

Nu, ich bin der Ölaf«, begrüßte der durchtrainierte Hüne aus dem schönen Sachsen seine Neulinge. Wobei sich Ölaf eher wie Ölaf anhörte und das zumindest Matthias ein breites Grinsen ins Gesicht zauberte.

»Matthiös«, stellte sich Matthias vor, und war schon jetzt mit dem Probetraining voll und ganz zufrieden. Auch wenn sich seine Laune generell noch unterhalb eines Braunkohlestollens befand. Aber Ölaf schaffte es, ein wenig Licht in das Dunkel seines ungewohnten Singledaseins zu zaubern.

»Vitali«, brummte der junge Mann in glatt gebügelten Trainingsklamotten und Turnschuhen, so weiß wie das Gesicht von Meister Propper in der Werbung.

»Aydin«, war der Letzte, der sich vorstellte. Gekleidet wie ein Bodybuilder, allerdings mit der Statur eines Hungerhakens. Er streckte die Hand zu Ölaf aus und biss die Zähne zusammen, so fest er konnte, als sein Trainer die schraubstockartigen Finger um seine Hand geschlossen hatte. Dieser tat zwar so, als würde ihm Aydins Leiden nicht auffallen, aber es war fast offensichtlich, dass ihm die

Demonstration der Stärke, diebische Freude bereitet hatte.

Ölaf gab den Trainingswilligen eine ausgiebige Einweisung in die Geräte. Er sah zwar, dass sie allesamt übertrieben und am nächsten Tag sicher nicht mehr fähig sein würden, einen Fuß vor den anderen zu setzen, aber das gönnte er sich. Er bestellte seine neue Gruppe zwei Tage später wieder ein, um das Erlernte zu vertiefen und die zu erwartenden Schmerzen seiner Schützlinge auszukosten.

»Mann, das ist halt was für Männer«, sagte Matthias, nachdem er seinen ersten Eiweißshake auf Ex abgepumpt hatte und wartete auf einen Kommentar seiner Trainingskollegen. Aber es kam nichts. Das ganze Training über war schon eine total beschissene Stimmung gewesen. Matthias war sich zwar bewusst, dass er im Moment auch meistens recht trübsinnig aus der Wäsche schaute, aber Vitali und Aydin sahen aus wie Kinder, die am 23. Dezember gesagt bekommen, dass Weihnachten bis auf Weiteres ersatzlos gestrichen wurde.

»Mensch, was ist denn mit euch los?«, fragte er in die kleine Runde an der Theke. »Ich müsste doch mies drauf sein. Schließlich hab ich mich gerade von meiner Freundin getrennt.«

»Du auch?«, waren die ersten zwei Worte, die synchron den Mündern von Vitali und Aydin entwichen.

Irgendwie war das für Matthias schon wieder ein Wink des Schicksals gewesen. Warum sonst hätten sich genau dieses drei Menschen hier und zu diesem Zeitpunkt kennenlernen sollen? Die Sache war klar. Genauso klar, wie der Auftrag, den ihm seine Jacke gegeben hatte. Sie sollten die Zeit der Trennung gemeinsam durchstehen. Zusammenhalten und sich gegenseitig Halt geben. Für den anderen da sein, wenn man gebraucht wird. Und vor allem würden er und seine Lederjacke nicht mehr alleine in der Kneipe sitzen müssen.

»Das heißt, ihr habt euch auch getrennt?«, fragte Matthias erwartungsvoll.

»Naja, so ungefähr«, antwortete Vitali, dem die Sache schon ein wenig peinlich war. Mit weiteren Ausführungen über das Ende seiner Beziehung hielt er sich lieber zurück.

»Ja, ich hab die Scheiße nicht mehr mitgemacht und bin ausgezogen«, sagte Aydin mit überzeugter Stimme, als ob es für ihn keinen Moment des Zweifelns gab.

»Und? Geht's euch jetzt besser als vorher?«, stellte Matthias die Frage, die er merkwürdigerweise selbst noch nicht uneingeschränkt mit Ja beantworten konnte. Es war ihm immer noch völlig schleierhaft, warum es ihm so schlecht bei der Sache ging, obwohl er auf keinen Fall zurück in sein altes, spießiges Leben wollte.

»Komisch ist es schon ein wenig«, sagte Aydin. »Aber da müssen wir jetzt durch. Jetzt können wir wenigstens mal wieder richtig Mann sein. Wir können einfach in die Disco gehen und Weiber aufreißen.«

»Genau«, bekräftigte Vitali. »Und niemand zieht die Augenbrauen hoch, wenn man mit dem Staubsauger den Motorraum des Autos reinigt!«

Matthias und Aydin schauten sich an und zogen gleichzeitig die Augenbrauen hoch. Vitali war etwas irritiert, aber Matthias erkannte seinen Fauxpas, rieb sich die Augen und versuchte so, die Gestik zu überspielen. Aydin tat es ihm gleich, konnte aber ein breites Grinsen nicht verbergen.

»Was meint ihr? Sollen wir heute noch zusammen was trinken gehen und uns gegenseitig ein bisschen voll jammern?«, fragte Matthias und sah sich schon mit Aydin, Vitali und seiner Lederjacke an der Theke seiner Lieblingskneipe.

»Klar, warum nicht«, sagte Aydin und freute sich über die willkommene Abwechslung.

»Ich weiß nicht. Eigentlich wollte ich noch die Abl...«, versuchte Vitali seinen geordneten Tagesablauf zu retten, wurde aber von Matthias, ohne die Chance auf eine Ausrede, unterbrochen.

»Ach was, natürlich willst du. Mann, das ist ein Wink des Schicksals. Wir gehen heute einen draufmachen und scheißen auf die Weiber. Komm schon.«

»Ja, jetzt stell dich mal nicht so an«, unterstütze ihn Aydin und Vitali fiel auch kein schlagendes Argument ein, um zu Hause zu bleiben.

»Also gut. Auf ein Bier komme ich mit.«

»Prima, dann treffen wir uns um acht am Marktplatz und suchen uns ne Kneipe aus. Das wird richtig gut«, sagte Matthias und machte sich mit seinen Leidensgenossen auf, um den Schweiß des harten Trainings abzuspülen. Matthias pfefferte seine Klamotten direkt vor den Spint, Aydin warf alles gerade auf den Boden und Vitali faltete auch die verschwitze Wäsche sorgsam zusammen und packte sie in einen Plastikbeutel, damit seine Tasche nicht mit seinen Ausdünstungen in Berührung kam. Während Matthias eine riesen Freude daran hatte, seinen kleinen Freund beim Duschen mit einem satten Klatschen an den Bauch zu schlagen, war Vitali damit beschäftigt, auch wirklich jede Stelle seines Körpers gründlich zu reinigen und kam so gar nicht in den Genuss, dieses Schauspiels. Aydin dagegen wollte auch klatschen, scheiterte aber an der Technik und verzichtete daher auf weitere Versuche, um einer peinlichen Situation zu entgehen.

# Kapitel 5 – Der erste Abend und der Morgen danach

Der Abend verlief nicht anders, als Matthias es erwartet hatte. Sie gingen in seine Lieblingskneipe, verzichteten auf das Essen und begaben sich direkt an die Theke. In einem Punkt waren sie sich alle sofort einig. Die Weiber waren an allem Schuld. Punkt.

Da sich selbst Vitali dazu hinreißen ließ, einen Drink nach dem anderen in sich hineinzukippen, hätte keiner der drei Männer am nächsten Tag sagen können, was genau die Punkte waren, die sie denken ließen, ab diesem Moment Freunde fürs Leben geworden zu sein. Wie drei Jungs, die sich zufällig in einem Ferienlager trafen und sich ewige Freundschaft schworen. Wäre Winnetou nicht schon so lange her gewesen, hätten sie sich wahrscheinlich noch an der Theke in den Arm geschnitten und einen auf Blutsbrüder gemacht.

Der einzige, der am Morgen danach halbwegs aus den Augen schauen konnte, war komischerweise Vitali. Für ihn selbst völlig unverständlich, da er normalerweise ja überhaupt nichts trank. Trotz eines Geschmackes im Mund, der auf eine wilde Orgie kleiner Kriechtiere schließen ließ, konnte er sich nicht mehr daran erinnern, dass er sich auf dem Heimweg mehrfach seines Mageninhalts entledigt hatte. Genauso wenig wie daran, warum er nicht in seinem Bett, sondern auf einer fremden Couch, die in einem, für seine Vorstellung, unglaublichen Chaos stand, die Augen geöffnet hatte.

»Verdammt! Wo bin ich hier?«, fragte er sich selbst und wunderte sich ernsthaft, dass er sich darauf nicht gleich eine Antwort geben konnte. Das passte so gar nicht in sein sonst so geordnetes Leben. Die letzte ungeplante Situation, an die er sich spontan erinnern konnte, war die Änderung einer Bestellung beim Chinesen. Obwohl er zu Hause die Speisekarte studiert und sich bereits festgelegt hatte, ließ er den Kellner die Nummer 27 streichen und nahm dafür die 51. Und das hatte ihn schon eine wahnsinnige Überwindung gekostet.

Als er sich aufsetzte, spürte er nun doch die Sünden des Abends. Im wurde leicht schwindlig und mit trübem Blick sah er, dass noch jemand in diesem Zimmer lag. Auf dem Boden. Völlig bewegungslos. Er schleppte sich zu der Leiche und erkannte Aydin. Instinktiv fühlte er dessen Puls und wunderte sich, wie man so tot aussehen und trotzdem noch leben konnte. Ganz langsam fügten sich die wenigen Bilder, die ihm vom Vortag geblieben waren, zusammen. Gemeinsam mit seinen rasant anwachsenden Kopfschmerzen, dem furchtbaren Muskelkater und den Erinnerungsfetzen kam er zu dem Ergebnis, bei Matthias in der Wohnung sein zu müssen. Oder besser gesagt in dessen Saustall. Er hielt ihm allerdings zugute, dass er aufgrund seiner Trennung und der daraus resultierenden, schwachen psychischen Konsistenz, im Moment einfach nicht fähig war, alleine seine Wohnung in Schuss zu halten. Vitali wusste zwar noch nicht genau warum, aber er verspürte das Verlangen seinem neuen Freund etwas unter die Arme zu greifen und sich hier etwas nützlich zu machen. Trotz Kopfschmerzen, Schwindel und anfangs etwas schwer zu koordinierender Motorik, fing er an aufzuräumen. Doch das entwickelte sich zu einer schier unlösbaren Aufgabe, schon als er die erste Schranktür geöffnet hatte. Randvoll mit irgend-welchem Zeug. Angefangen von Altpapier bis hin zu leeren Pizzakartons und sonstigem Unrat, der es nicht in die Tonne geschafft hatte. Vitali konnte schließlich nicht wissen, dass dies die in den Schrank gepackte Rache von Matthias an Bine war. Jedes Teil hatte er mit Genuss in dort hinein gelegt und dabei an ihren Ordnungswahn gedacht. Das Grinsen, das er dabei im Gesicht hatte, war nicht weit entfernt von dem eines Wahnsinnigen. Ein Exemplar der umweltfreundlichen Rachekartons nach dem anderen holte Vitali aus dem Schrank und packte es zu den Unmengen von Müll, den er in der ganzen Wohnung gefunden hatte. Da es für ihn nicht im Geringsten Arbeit war, sondern eher einer Freude gleichkam, verwandelte er den Müllhaufen, den Matthias in liebevoller Kleinarbeit in seiner Wohnung hatte entstehen lassen, fast in ein Vorzeigeobjekt für die Zeitschrift Schöner Wohnen. Dabei hatte er sogar fast seine Kopfschmerzen vergessen.

»Bine?«, konnte man Matthias mit belegter Stimme fragen hören. »Bine, bist du wieder zurück?«

Er konnte nicht sagen, ob er Hoffnung oder Angst empfand. Aber der Zustand der Wohnung ließ auf nichts anderes, als auf die Rückkehr von Bine schließen. Er malte sich schon aus, dass seine Freundin aus purer Verzweiflung seine Unordentlichkeit in Kauf nehmen, und von nun an bis in alle Ewigkeit, und zwar ohne zu murren, seine Sachen kommentarlos wegräumen würde. Doch als er in das Wohnzimmer kam, sah er nur Vitali, der äußerst zufrieden mit seinem Werk, an dem kleinen Esstisch in der Ecke saß und einen vermutlich toten Menschen auf dem Fußboden, der wie Aydin ausgesehen hatte. Als sein Blick zurück auf den Esstisch schweifte, sah er, dass dieser schon für ein Frühstück gerichtet war. Dampfender Kaffee stand neben einem Korb mit frischen Brötchen und der brauchbare Restinhalt seines Kühlschranks war auf einer Platte angerichtet. Vitali strahlte wie ein Honigkuchenpferd und wartete schon sehnsüchtig auf Applaus wie ein Kind, das drei bunte Striche zu Papier gebracht hatte.

»Ähhh....also«, war alles, was in diesem Moment den Weg über Matthias´ Stimmbänder zur Außenwelt geschafft hatte. Er zeigte mit dem Finger erst auf den Tisch, dann in alle Ecken des Wohnzimmers und das Fragezeichen in seinem Gesicht wurde immer größer. Der offene Mund dabei, trug nicht viel zu einem intelligenten Gesichtsausdruck bei.

»Keine Ursache«, antwortete Vital und winkte ab. »Das hab ich doch gerne gemacht.«

»Aha«, kommentierte Matthias Vitalis Aussage und setzte sich an den Tisch. Er konnte trotz größter Bemühungen nicht einmal ansatzweise klar denken und beschloss kurzerhand sich erst später an diesem Tag eine Meinung über die merkwürdigen Dinge, die gerade um ihn herum geschehen waren, zu bilden. In diesem Moment schien auch Aydin wieder unter die Lebenden zurückzukehren und machte sich durch ein paar unverständliche Grunzlaute bemerkbar. Aydin sah aus, wie durch den Wolf gedreht. Als er sein Gesicht vom Boden anhob, konnte man einen riesigen blauen Fleck erkennen. Den hatte er sich durch den Sturz auf genau diese Stelle des Fußbodens zugezogen hatte, von der er sich bis zu diesem Augenblick keinen Millimeter wegbewegt hatte. Ob der Boden Schaden durch den Aufprall genommen hatte, war noch unklar. Aydin jedoch sah aus wie der letzte Gegner von Vitali

Klitschko und ob seine Gesichtsform jemals wieder die alte seine würde, stand ebenfalls noch in den Sternen.

# Kapitel 6 – Sport ist Mord

Das nächste Training sollte für Vitali, Matthias und Aydin aus puren Qualen bestehen. Am schlimmsten traf es Aydin, der neben seinem fast nicht zu ertragenden Muskelkater, immer noch mit verheerenden Kopfschmerzen zu kämpfen hatte. Er hatte am Sonntagmorgen noch soviel Promille im Blut gehabt, dass der Kater erst am Abend richtig eingesetzt hatte. Da dann aber richtig und er wollte auch den ganzen Montag nicht wieder gehen. Doch Aydin nahm sich vor nicht als Weichei dazustehen und kämpfte eisern gegen Kopfschmerzen, Übelkeit, Muskelkater, Kreislaufprobleme und Schweißausbrüche, die leider nicht im Geringsten etwas mit seinem Training zu tun hatten. Wieder einmal schoss ihm der Gedanke, dass sein Vater sich niemals hier quälen und zu seinen Leiden stehen würde, durch den Kopf. Er schaffte es auch in diesem Moment, den Gedanken wieder zu verdrängen. Selbst als er in der Pinkelpause mit dem Kopf über der Schüssel hing, und ihm das letzte bisschen Mageninhalt durch den Kopf ging. Der einzige Trost war, dass es Matthias und Vitali nicht viel besser zu gehen schien. Keiner hatte das Gefühl, ein gutes Training zu haben und trotzdem wuchsen die drei neuen Freunde unter Schmerzen und Übelkeit, immer weiter zusammen.

»Was macht ihr denn noch heute Abend?«, fragte Matthias, der überzeugt war, dass es gerade die Schmerzen sind, die Männer miteinander verbinden. Auch wenn sich das für ihn eigentlich eher wie der bescheuerte Werbeslogan einer großen Baumarktkette anhörte, schaffte er es, sich dadurch ein wenig zu motivieren.

»Keine Ahnung. Ich denk ich leg mich auf die Couch«, antwortete Vitali.

»Ich auch«, ergänzet Aydin mit den fast einzigen Worten, die er während des Trainings gesprochen hatte.

»Prima! Dann lasst uns doch nach dem Training einen Film holen, ein Konterbier trinken und jede Menge Chips in uns rein stopfen. Und das alles auf meiner Couch«, sagte Matthias und wusste selbst noch nicht, ob das eine gute Idee sein würde, zumal es ihm ja selbst alles andere als gut ging.

Obwohl eigentlich keiner seiner beiden Trainings- kollegen Lust auf etwas in dieser Art hatte, wider- sprachen sie nicht. Vitali konnte sich zwar selbst nicht verstehen, zumal er immer noch nicht seine Ablage gemacht hatte, aber er verspürte den dringenden Wunsch, in Gesellschaft zu sein.

Aydin ging es nicht anders. Und nachdem nun endlich die Schmerztabletten ihre Wirkung zeigten und die Übelkeit ein Einsehen hatte, beschloss auch er, sich auf den Filmabend mit Konterbier einzulassen.

»OK«, war die knappe Antwort, die in einer Männerrunde glücklicherweise ausreichend war, um einen kompletten Abend zu planen.

Doch bis es dazu kam, legte Ölaf seine sadistische Ader unverhohlen an den Tag und quälte die drei Neulinge, bis sie am Rande der Erschöpfung waren. Das Schlimmste daran war aber, dass die zierliche Dame, die teilweise die gleichen Geräte, wie die Nachwuchs-Schwarzeneggers benutze, das doppelte Gewicht auflegte.

»Nu, nehmt euch mal ein Beispiel an der Dame hier. Die ist viel leichter als ihr, nu, und stemmt viel mehr Gewicht als ihr«, stellte Ölaf messerscharf fest, als Aydin gerade dabei war, etwa ein Zehntel des zur Verfügung stehenden Gewichts an der Nackenzieh-maschine, hinter seinen Kopf zu zerren. Fast hätte es ihm eine Bemerkung wie: »Halt die Fress. Wenn isch will, reiß isch ganze Turm zusamme«, entlockt. Aber er war unfähig zu sprechen, während er dagegen an-kämpfte, die Platten nicht ungebremst zurück auf den Stapel prallen zu lassen. Und mit dem Händedruck von Schraubstock-Ölaf im Hinterkopf, verzichtete er auch später lieber auf einen Kommentar.

Nach dem zweiten Training verspürte keiner die Lust, seinen kleinen Freund an den Bauch zu klatschen. Obwohl Aydin das zu Hause intensiv trainiert hatte, verzichtete er auf eine Demonstration des Erlernten. Selbst Vitali gestand sich ein, die Zwischenräume seiner Zehen nur vom herunterlaufenden Seifenwasser reinigen zu lassen. Er schaffte es einfach nicht, seinen Körper ohne größere Schmerzen, so weit nach vorne zu beugen.

# Kapitel 7 – Die Geburtsstunde der Männer-WG

Es war eigentlich nicht zu fassen, aber Aydin konnte sein erstes Konterbier zu sich nehmen, ohne dass ihm übel wurde. Selbst Vitali, der immer noch mit sich haderte, ob er diesen Abend trotz der nicht erledigten Ablage genießen würde, musste sich eingestehen, dass dies allemal besser sei, als alleine zu Hause rumzusitzen. Selbst wenn sie nur in den Fernseher schauten, sich vor Lachen auf die Schenkel klopften, und kaum etwas sprachen, war die Gemeinschaft angenehm. Matthias genoss es sehr, mit den Füßen auf dem Tisch und einer Flasche Bier in der Hand auf dem Sofa zu sitzen, ohne dass jemand über die Wasserränder auf dem Couchtisch meckerte, wenn man gerade keinen Untersetzer zur Hand hatte. Seinen Couchnachbar Vitali hätte es zwar unheimlich in den Fingern gejuckt, einen Lappen zu holen und die Wasserränder wegzuwischen, aber zu seiner eigenen Verwunderung siegte die Bequemlichkeit. Für ihn grenzte es schon an ein gewaltiges Abenteuer, seine eigene Flasche ohne Untersetzer auf den Tisch zu stellen. Doch er schaffte es. Vitali fühlte sich dabei wie ein Revolutionär, der sich gegen sich selbst auflehnte.

Plötzlich schoss Matthias ein Gedanke in den Kopf, der ihn nicht mehr losgelassen hatte. Er war überzeugt davon, dass es für ihn und seine Freunde nur eine einzige Lösung gab, aus der Gefühlsduselei wieder herauszukommen.

Eine Männer WG!
Das ist die Lösung!

Nie mehr würden Frauen meckern, nur weil alles kreuz und quer in der Wohnung herumliegt. Das Spazierengehen könnte auf den Weg an den Sportplatz der Dorfmannschaft zum Sonntagsspiel begrenzt werden, und wenn keiner fürs Frühstück eingekauft hatte, würden sie einfach zu McDonalds gehen. Er konnte die Begeisterung für seine eigene Idee kaum mehr im Zaum halten und ohne weiter darüber nachzudenken, sprudelte es aus ihm heraus.

»Freunde, lasst uns eine Männer WG gründen!«, rief Matthias, sprang von der Couch auf und tanzte durch die Wohnung. Er zelebrierte einen Moonwalk der Extraklasse und kam mit einem satten Griff an seine Genitalgegend abrupt zum Stehen. Aber nur um sich auf den Boden fallen zu lassen und eine Einzelraupe zum Besten zu geben.

Aydin war von dieser Idee so begeistert, weil er dann endlich aus seinem Kinderzimmer bei den Eltern wieder rauskommen würde, dass er vergessen hatte zu schlucken, bevor er seine Verzückung kundtat und sah aus wie eine Waschmaschine mit geöffneter Tür. Die ersten Worte waren nur als ein Gurgeln zu verstehen. Der riesige Schluck Bier, den er gerade genommen hatte, war ihm kräftig schäumend aus dem Mund gelaufen und hatte exakt die Stelle seiner Hose getroffen, an der man auch ohne Weiteres ein anderes Missgeschick hätte vermuten können.

»Geile Idee. Ich bin dabei!«, rief Aydin und sah sich schon beim Kofferpacken, um in sein neues Domizil zu ziehen.

»An was für eine Wohnung hast du dabei gedacht?«, stellte er die alles entscheidende Frage, die Vitali das Blut in den Adern gefrieren ließ. Die Vorstellung war ihm zwar nicht zu wider, aber eine WG in seiner Wohnung würde er definitiv nervlich nicht überleben. Er war sich nicht einmal sicher, ob er überhaupt eine WG überleben könnte. Sofort spielten sich die übelsten Horrorszenarien vor seinem geistigen Auge ab.

»Von mir aus könnt ihr bei mir einziehen. Zimmer sind es ja genug und für mich alleine ist das eh zu groß«, antwortete Matthias und Vitali fiel ein mittelgroßer Steinbruch vom Herzen, weil seine Wohnung verschont bleiben sollte. Unter diesen Umständen, und wenn er parallel dazu seine eigene Wohnung zur Sicherheit halten könnte, zog er ernsthaft in Erwägung, ebenfalls bei Matthias einzuziehen. Obwohl das bei ihm mit einem Vegetarier, der beim Griechen ein Gericht mit Fleisch, Fleisch und Beilagenfleisch bestellte, zu vergleichen war. Wahrscheinlich lag es aber auch daran, dass er schon wieder drei Bier getrunken hatte und nicht mehr Herr seiner Sinne war. Und außerdem könnte er ja ab und an in seine Wohnung, um die Oase der Sauberkeit und Ordnung zu genießen.

»Was ist mit dir, Vitali?«, fragte Matthias.

»Ich bin mir noch nicht ganz sicher«, antwortete er und wollte zuerst seine Finanzlage prüfen und ausrechnen, ob er beide Wohnungen parallel bezahlen können würde. So sehr er die Gemeinschaft mit Matthias und Aydin auch genoss, wollte er sich ein Hintertürchen offenhalten. Schließlich war er sich nicht sicher, ob er die beiden anderen auch wirklich zu etwas Ordnung überreden könnte. »Was würde das denn für jeden kosten?«

»Keine Ahnung. Ich denke mit Nebenkosten kommen wir auf 200€ für jeden. Maximal 250€.«

»Also bei mir klappt das«, frohlockte Aydin und sah sich schon inmitten von rauschenden Partys und Festen, bei denen halb nackte Frauen um ihn herumtanzten, die aber rechtzeitig wieder vor dem Frühstück verschwinden würden. Die Mädels vom Fitnessstudio wären genau richtig für so was. Er nahm sich vor, gleich nach dem Einzug eine Party zu organisieren. Er würde so was von auf den Putz hauen, wie es die Welt noch nicht gesehen hatte. „Werd isch Partykönig", dachte sich Aydin und wusste gar nicht gleich wohin, mit seinem Enthusiasmus.

»Ich glaube bei mir könnte das auch klappen«, sagte Vitali etwas verhaltener, weil er doch noch mal genau nachrechnen wollte. Kurz vor seiner Trennung hatte er sich nämlich noch bis in die Haarspitzen versichert, um im Alter mit Swetlana eine schöne Zusatzrente zu haben. Jetzt hatte er keine Swetlana mehr, dafür eine wahnsinnige Rate für die Altersvorsorge zu bezahlen.

»Ich will aber noch eine Nacht darüber schlafen.«

»Alles klar«, sagte Matthias. »Das Angebot steht.«

Matthias machte noch am selben Abend mit seinen Freunden eine Wohnungsbegehung und zeigte jedem sein mögliches Zimmer. Vitali beschloss aufgrund seiner Bedenken und falls es finanziell zu stemmen war, nur mit dem Nötigsten hier einzuziehen, um bei Bedarf auch schnell wieder weg zu sein.

Aydin fing sofort am nächsten Tag nach der Arbeit an zu packen. Doch bevor er endlich sein neues Domizil beziehen konnte, musste er mit Matthias noch ein paar Möbel umstellen. Viel war es allerdings nicht, denn er zog in das ehemalige Bügelzimmer von Bine. Außer einem kleinen Schrank und ein paar kleineren Möbelstücken befand sich kaum etwas darin. Für den Besuch, der nach dem ersten Saufgelage von Matthias mit seinen Freunden ja sowieso nie mehr kommen durfte, stand auch noch ein altes Bett da. Nachdem dieses abgebaut war und an anderer Stelle verstaut war, fiel Aydin ein, dass er ja eigentlich gar kein vernünftiges Bett hatte und lieber das Gästebett von Matthias benutzen würde.

»Na da hättest du aber auch früher drauf kommen können«, sagte Matthias und holte erst einmal zwei kleine Bierchen für zwischendurch. Der Körper sollte ja bei harter Arbeit auch immer mit genügend Flüssigkeit versorgt werden.

»Ich weiß, aber manchmal brauch ich ein bisschen länger«, antwortete Aydin und setzte ein leicht debiles Grinsen auf.

»Macht nix. Was glaubst du, wie lange ich gebraucht habe, bis mir klar wurde, dass Bine keine Biene, sondern eine Wespe mit nem giftigem Stachel ist?«, entgegnete Matthias und winkte ab.

»Auch wieder wahr. Auf die Männer WG«, sagte Aydin und hob seine Flasche.

»Auf die Männer WG«, bestätigte Matthias und ließ die Flaschen klingen.


Als Vitali vor der Türe von Matthias stand, zögerte er noch ein wenig, bevor er den Klingelknopf betätigte. Irgendetwas in ihm wollte nicht in die Männer WG einziehen. Obwohl er sich alles genau durchgerechnet hatte, er seine eigene Wohnung parallel halten wollte und auch konnte und daher auch jederzeit wieder ausziehen könnte. Gut, Matthias und Aydin waren nicht wie er. Aber schließlich war ja auch jeder anders. Er redete sich tapfer ein, dass jeder seinen Teil in der Gemeinschaft ausfüllen würde. Er würde den anderen ein wenig Ordnung und Organisation beibringen können. Wenn er erst einmal einen vernünftigen Wochenplan erstellt hatte, würde die Sache in der WG schon rund laufen. Dafür erhoffte er sich im Gegenzug, endlich ein bisschen lockerer zu werden. Auch wenn er in einem völlig durchstrukturierten Charakter gefangen war, träumte er nicht selten den Traum wenigstens ab und zu auszubrechen und ein völlig zügelloses Leben zu führen. Für seine Verhältnisse war das Abstellen einer durch Kondenswasser angefeuchteten Bierflasche ohne Untersetzer auf dem Tisch, immerhin schon ein mittelgroßer Teilerfolg gewesen. Auch wenn es ihm noch schwer gefallen war.

Er wollte es versuchen und betätigte nun, nachdem er eine geschlagene Viertelstunde vor der Tür gestanden hatte, den Klingelknopf. Leider öffnete keiner und Vitali musste eine weitere Viertelstunde Sturm klingeln, bis wenigsten Matthias wieder aus dem Koma erwacht war. Aus den zwei kleinen Bierchen für zwischendurch waren ein paar mehr geworden, Aydin hatte immer noch kein Bett und Matthias wunderte sich, warum sein neuer Mitbewohner neben ihm lag, als er durch das Dauerklingeln geweckt wurde. Matthias öffnete und Vitali betrat mit gemischten aber auch erwartungsfrohen Gefühlen die Wohnung. Die Männer WG war geboren und die drei Freunde waren sich sicher, dass nun all ihre Probleme verschwinden würden, wenn kein weibliches Wesen mehr für Unruhe sorgen würde. Außer Vitali vielleicht. Er konnte den Gedanken, einen Lappen für die Wasserränder auf dem Couchtisch zu holen, nicht gleich wieder beiseiteschieben. Aber er widerstand ihm. Immerhin. Und stellte später am Abend erneut seine Flasche dort ab. Ohne Untersetzer!

# Kapitel 8 – Tag 1

Vitali nahm sich vor, die Erstorganisation der Männer-WG bezüglich der Grundausstattung an Lebensmitteln und Getränken zu übernehmen, um seinen neuen Mitbewohnern eine Freude zu bereiten. Schließlich musste es ja im Interesse aller sein, einen gut geplanten Start zu haben. Der erste Tag nach Vitalis und Aydins Einzug war ein Montag, an dem alle zur Arbeit mussten. Obwohl Matthias und Aydin noch vor Vitali zur Arbeit mussten, stand dieser eine gute Stunde vor den anderen auf. Er durchforstete die Küche nach Lebensmitteln, suchte im Kellerraum nach Getränken und musste feststellen, dass außer ein paar Resten nichts mehr Brauchbares zu finden war. So richtete er notgedrungen den Frühstückstisch nur mit wenigen Überbleibseln aus Matthias´ noch fast jungfräulicher Junggesellenbude und schrieb jedem Mitbewohner einen Einkaufszettel.

»Was is´n das?«, fragte Matthias mit halb geschlossenen Augen, als ihm Vitali seinen Zettel unter die Nase gehalten hatte. Das eine Auge zusammengepresst, versuchte er zu entziffern, was Vitali fast in Normschrift aufgeschrieben hatte. Doch nach den diversen Bierchen für zwischendurch mit Aydin und den anschließenden Willkommensbierchen mit Vitali musste sich ein Nebel über seine Augen gelegt haben, der einfach nicht weichen wollte. Er konnte rein gar nichts erkennen. Was ihm aber sofort auffiel, war die Tatsache, dass er überhaupt keine Kopfschmerzen hatte. Das anhaltende Training der letzten Tage schien Wirkung zu zeigen. Der Kopfschmerz hatte es wohl aufgegeben, ihm den Tag versauen zu wollen.

»Cool«, sagte Matthias eigentlich mehr zu sich selbst und natürlich ausschließlich auf die fehlenden Nachwehen seines erhöhten Alkoholkonsums bezogen, ohne festzustellen, dass Vitali diese Aussage als Lob für die Getränkeliste verbuchte.

»Prima«, antwortete Vitali äußerst zufrieden. »Und hier ist deine Liste«, sagte er zu Aydin, der aber schon wieder eingeschlafen war. Und das im Sitzen mit der Hand an seiner Kaffeetasse. Da der Kaffee noch richtig schön frisch und dementsprechend heiß war, schlief Aydin nicht lange. In seinem Traum war er gerade dabei, die schärfste Braut auf der bevorstehenden Einweihungsfete anzubaggern. Genau in dem Moment, als er seine Hand ausstreckte, um diese auf ihren Hintern zu legen, spürte er den Schmerz.

»Verdammt!«, schrie er und wusste im ersten Moment nicht, warum ein Frauenhintern so wehtun konnte. Er zog die Hand blitzschnell zurück und sah, als er vor Schreck die Augen aufgerissen hatte, dass er mit seinen Fingern komischerweise im Griff einer

Kaffeetasse verhakt war. Ein Frauenhintern war dagegen weit und breit nicht auszumachen. Die Tasse in seiner Hand beschleunigte dafür unaufhaltsam. Er beobachtete das Schauspiel aus der Position eines Außenstehenden und hatte keine Ahnung, was er tun sollte, um die rasante Seitwärtsbewegung, in der sich seine Tasse mittlerweile befand, zu stoppen. Obwohl er im Unterbewusstsein wusste, dass er selbst diese Tasse hielt, konnte er komischerweise nicht ins Geschehen eingreifen. Als der Arm durchgestreckt und die Bewegung der Tasse somit augenblicklich gestoppt war, dachte der Kaffee natürlich nicht im Geringsten daran, in seinem Behältnis zu bleiben, sondern machte sich auf, Vitalis weißem Hemd einen neuen Farbton zu verpassen. Nun spürte auch Vitali den Schmerz des verflüssigten Frauenhinterns aus Aydins Traum an seiner Brust.

»Scheiße!«, schrie nun Vitali und mahnte sich aber im selben Moment zur Ruhe. Der erste Tag sollte harmonisch verlaufen und außerdem hatte er sich ja vorgenommen, lockerer zu werden. Und vielleicht war der frühe Morgen auch nicht der perfekte Zeitpunkt, den WG-Plan zu besprechen.

»Sorry«, sagte Aydin, der nun endlich wach, aber auch ein wenig peinlich berührt war. Matthias dagegen musste anfangen zu lachen. Und das gleich aus zwei Gründen. Zum einen wegen des riesigen Kaffeeflecks auf Vitalis weißem, glattgebügeltem Hemd und zum anderen, weil das Frühstück hauptsächlich aus richtig schönen männerfreundlichen Einwortsätzen bestanden hatte. Das wäre mit Bine undenkbar gewesen. Die hatte nämlich immer schon zu sehr früher Stunde sehr schön formulierte Anweisungen für seinen Tagesablauf parat. Und die wollten ihr auch partout nicht ausgehen.

»Schon gut«, antwortete Vitali. »Es war ja keine Absicht – hoffe ich zumindest.« Vitali war sich sicher, einen wahnsinnigen Brüller gelandet zu haben. So viel Humor hätte er sich in so einer Situation selbst nicht zugetraut. Doch die anderen zwei waren wohl noch zu müde für einen intelligenten Gag, da Aydin sehr ernst antwortete.

»Natürlich nicht.«

»Aydin, das war doch nur ein Spaß«, antwortete Vitali und war unheimlich stolz auf sich, dass er diese Situation mit Humor genommen hatte. Normalerweise hätte ihm so etwas den ganzen Tag versaut. Aber heute konnte er, zumindest wenn er sich ein bisschen Mühe gab, darüber hinwegsehen.

»Na da bin ich aber froh«, sagte Aydin und goss sich einen neuen Kaffee ein.

Während Vitali sich in sein Zimmer zurückgezogen hatte um sich umzuziehen, stürzten Matthias und Aydin ihren Kaffee hinunter, putzen sich im Vorbeilaufen die Zähne und gingen zur Wohnungstür. Völlig unverständlich für Vitali, denn er konnte nicht nachvollziehen, warum er nur zum Umziehen viel länger brauchte, als seine beiden Freunde für die komplette Morgentoilette.

»Vitali! Wir sind dann mal weg«, rief Matthias.

»Bis heute Abend«, ergänzte Aydin und Vitali hörte die Tür ins Schloss fallen. Dabei fiel ihm ein, dass er noch nicht einmal einen Hausschlüssel oder einen Wohnungsschlüssel besaß. Doch selbst dadurch ließ er sich die Freude an der WG nicht nehmen. Einen kleinen Rückschlag erlebte seine Begeisterung allerdings, als er zurück in die Küche kam und sah, dass Matthias und Vitali diese zurückgelassen hatten, wie eine Horde Jugendlicher, die bei McDonalds gewesen waren. Beim Aufräumen sah er, dass auch noch die beiden Einkaufszettel auf dem Tisch lagen. Und dabei hatte er sich damit solche Mühe gegeben.

»Na toll. Jetzt bleibt wieder alles an mir hängen«, beschwerte sich Vitali bei sich selbst und ließ sich etwas niedergeschlagen auf den Stuhl fallen. Doch auch Rom wurde nicht an einem Tag erbaut und Vitali beschloss, den ersten Einkauf einfach komplett zu übernehmen, um sich dann den Rest der Woche auf die faule Haut legen zu können.

Nachdem Vitali am Nachmittag im Büro etwas früher Schluss gemacht und den Einkauf erledigt hatte, stand er ohne Schlüssel vor der verschlossenen Tür des Mehrfamilienhauses, in dem sich seine neue

WG befand. Es schien kein Mensch zu Hause zu sein. Obwohl Matthias eigentlich schon lange Feierabend hatte. Glücklicherweise kam ein hilfsbereiter Mensch, der im Gegensatz zu Vitali einen Schlüssel zu diesem Gebäude hatte, im rechten Moment nach Hause. So konnte er wenigstens das ganze Zeug schon mal die Treppe hinauf schleppen und es sich vor der Tür gemütlich machen. Der Nachbar mit dem Namen, den Vitali sich im ersten Moment nicht merken und schon gar nicht aussprechen konnte, legte sich zwar gleich an der ersten Stufe auf die Nase, als er Vitali einen Getränkekasten abgenommen hatte, aber er war natürlich trotzdem äußerst dankbar für dessen Hilfe. Der Nachbar kommentierte sein eigenes Missgeschick überhaupt nicht. So, als ob es das Normalste auf der Welt gewesen wäre, stand er wieder auf und trug den Kasten, fast unverschämt gut gelaunt, nach oben. Doch bevor Vitali sich richtig bedanken und noch einmal nach dem Namen fragen konnte, war er auch schon weiter in seine eigene Wohnung gegangen.

»Ein netter Mensch. Wenn auch ein wenig ungeschickt. Aber nett.« Vitali versuchte noch eine ganze Weile, sich an den Namen zu erinnern. So sehr er sich auch bemühte, es wollte ihm einfach nicht mehr einfallen. Auf jeden Fall war er sich sicher, diesen Namen niemals zuvor gehört zu haben.

Es dauerte noch eine geschlagene Stunde, bis endlich Matthias im Treppenhaus erschienen war und zu

Vitalis Verwunderung ebenfalls eingekauft hatte. Zumindest Getränke. Also immerhin Bier. Vitali verzeichnete das bei Matthias, als einen Versuch, sich aktiv am Funktionieren der WG zu beteiligen. Von Aydin erwartete er noch nicht so viel, da er ihm erstens sehr jung und zweitens noch recht unerfahren erschien. Zumindest was die Organisation eines Haushaltes anging.

»Mensch Vitali, du bist ja auch schon da«, sagte Matthias fröhlich. »Warum bist du denn nicht schon reingegangen? Du musst nicht warten, bis ich zu Hause bin!« Auf Matthias´ Gesicht breitete sich ein vollflächiges Grinsen aus, das Vitali schon einen leicht verärgerten Kommentar entlocken wollte. Doch er kam nicht dazu, schnell genug zu antworten.

»War doch nur Spaß«, frohlockte Matthias, haute seinem Kumpel ordentlich auf die Schulter und hielt ihm zwei Schlüssel unter die Nase. »Ich wäre ja eigentlich schon zu Hause gewesen, aber ich war noch kurz beim Schlüsseldienst, um für euch beide Haustür- und Wohnungsschlüssel nachmachen zu lassen.«

»OK. Ich hatte schon befürchtet, morgen wieder auf dem Gang zu sitzen.«

»Ach quatsch. Auch wenn du es nicht für möglich hältst, manchmal denk ich auch ein bisschen mit.«

Gemeinsam brachten sie Vitalis Großeinkauf in die Wohnung. Gleich nachdem alles um und auf dem Küchentisch verteilt war, kam auch Aydin nach

Hause. Vitali wollte gerade anfangen die Einkäufe noch einmal mit den Kassenzetteln zu vergleichen um Buch über die Ausgaben zu führen, als Aydin sich sofort auf die Chips stürzte.

»Geil, Chips«, war seine Begrüßung. Er schnappte sich eine Tüte, riss ein Bier auf, durchwühlte die restlichen Lebensmittel und Vitali beschloss, auf die Buchführung der Einkäufe erst einmal zu verzichten. Seine Mitbewohner waren definitiv noch nicht so weit. Doch wenigstens am Aufräumen sollten sich alle beteiligen. Zumindest sah das Vitali so und nötigte Matthias und Aydin, die Einkäufe an fest eingeteilte Stellen der Küche zu räumen. Diese Aktion rief bei allen Beteiligten, die unterschiedlichsten Gedanken hervor.

*Matthias: »Oh Mann, da könnte man ja fast meinen, Bine habe einen unehelichen Bruder, der bei einem der Auslandsaufenthalte ihres Vaters in Russland gezeugt wurde. Wenn der jetzt auch noch anfängt, die Toilettennutzungszeiten durchzuorganisieren, dreh ich durch. Aber den bekomm ich auch noch locker. Im Zweifelsfall werden wir jetzt gleich mal ein Feierabendbierchen trinken. Oder zwei. Oder am besten so viel, dass er sich selbst den Stock aus dem Arsch zieht.«*

*Aydin: »Ey, was soll'n das. Jetzt muss ich den Scheiß auch noch selbst aufräumen. Früher hat das meistens Lena gemacht. Bin isch Haushaltstussi, odda was? Jeden Tag mach ich das garantiert nicht mit. Ich* glaub ich brauch gleich noch ein Entspannungsbierchen.«

Vitali: »Ich hab es doch gewusst. Unter meiner Anleitung werden die beiden noch richtig ordentlich. Die brauchen nur jemanden, der sie anleitet. Das wird noch ein richtig ordentlicher Männerhaushalt. Mit geordneten Tagesplänen, gemeinsamen Putzaktionen und ohne Frauen, die ständig alles durcheinanderbringen und pausenlos nur ihren Spaß haben wollen.«

# Kapitel 9 – Tag 2

Dienstags nach der Arbeit war wieder Training angesagt. Richtig hartes Männertraining im Fitness-Center. Mittlerweile durchliefen die drei Hochleistungsathleten den Trainingsparcours schon fast ohne Ölafs Hilfe. Und bei den Gewichten konnte sie sich auch schon in der Hausfrauenriege mittleren Alters bewegen.

»Wir sollten eine Einweihungsfete machen«, sagte Aydin, gerade als Vitali versucht hatte, unglaubliche dreißig Kilogramm Gewicht in seinen Nacken zu ziehen. Bei dem Wort Einweihungsfete erstarrte er aber augenblicklich und die schlimmsten Horror-szenarien spielten sich vor seinem geistigen Auge ab. Gäste, welche die Bierflaschen im Rausch neben den Tisch stellten, Männer denen beim Abbeißen eines Häppchens ein Stück Käse aus dem Mund fiel und vielleicht würden manche sogar nicht einmal ihre Schuhe beim Betreten der Wohnung ausziehen. Ganz zu schweigen von Wasserrändern auf dem Couchtisch, die durch das Abstellen von Gläsern ohne Untersetzer entstehen würden.

»Meinst du, das ist eine gute Idee«, fragte Vitali in der Hoffnung seinen Freund von diesem Kamikaze-vorhaben wieder abbringen zu können.

»Nee, wahrscheinlich nicht«, antwortete Matthias und Vitali schöpfte für einen Moment Hoffnung, die aber im nächsten Augenblick sofort wieder in sich zusammenfiel, als Matthias fortfuhr.

»Ich finde, das ist sogar eine ausgezeichnete Idee«, ergänzte er und fuhr quasi mit einem Panzer durch Vitalis hauchdünne Schutzwand, die er gerade vor der Wohnungstür aufzubauen versucht hatte.

»Am besten wir laden gleich mal hier die geilsten Bräute aus dem Fitnessstudio ein. Die werden sicher begeistert sein, mit uns zu feiern. Die sind doch sicher eh alle nur hier, weil sie noch keinen richtigen Mann gefunden haben«, sagte Aydin testosteron-geschwängert und überzeugt davon, dass alle sowieso schon die ganze Zeit darauf gewartet hatten, endlich von ihm angesprochen zu werden. Vitali hegte ernst-hafte Zweifel an dieser Theorie, war sich aber sofort sicher, dass die jetzt gerade eh keiner hören wollte. Am zweiten Tag in der Männer-WG war er nun schon dankbar, seine alte Wohnung behalten zu haben. Es war für ihn äußerst beruhigend, wieder abhauen zu können. Doch was sollte er dort. Er wäre nur alleine und das wollte er im Moment am Allerwenigsten sein.

»Wir sollten aber nicht zu viele Einladen, oder?« fragte Vitali noch in der Hoffnung, das bevorstehende Chaos in Grenzen halten zu können.

»Ach quatsch. Höchstens dreißig Leute. Viel mehr passen ja auch nicht in die Wohnung«, sagte Matthias und gab Vitali einen kräftigen Schlag auf die Schulter, was dazu führte, dass dieser sein Trainingsgerät nun endlich wieder losgelassen hatte. Allerdings mit einem ohrenbetäubenden Lärm, was Vitali extrem peinlich war und sofort Ölaf auf den Plan gerufen hatte. Der Knall der aufeinandergeprallten Stahlplatten erschütterte den ganzen Trainingsraum.

»Ich hab euch doch gesögt, ihr söllt nüscht übortreiben, nu. Nur sövial wie de och würklich ziehen konnst, mei Gutster«, belehrte Ölaf seinen Schützling in einer unnachahmlichen Mischung aus Sächsisch und dem Dialekt seiner neuen Heimat. Sächsisch, gemischt mit badisch. In aufregenden Situationen wie dieser, war der sächsische Anteil extrem in Ölafs Stimme zu hören. Sonst konnte er es ganz gut verbergen. Während Matthias und Aydin nur schwer ein auffälliges Grinsen unterdrücken konnten, senkte Vitali sein Haupt in aufrichtiger Demut. Und genau deshalb war er auch Ölafs Liebling.

»Nu, kann ja mal passürn«, tröstete er und wandte sich an Matthias und Aydin. »Und ihr beide passt en bisschen besser auf euren Freund uf, nu.«

»Nu sischor«, antwortete Matthias und salutierte vor Ölaf. Der resignierte, winkte mit beiden Händen ab und kümmerte sich wieder vornehmlich um die weiblichen Kundinnen, die offensichtlich ganz beeindruckt von seinen Muskelpaketen waren.

»Um gleich wieder zu den wichtigen Dingen zu kommen«, fuhr Aydin fort. »Ich würde sagen, ich check nachher gleich mal die Mädels an der Theke ab, und wenn dann die Bude nicht gleich voll ist, können wir immer noch ein paar Kumpels anrufen, und fragen, ob sie mitfeiern wollen. Oder was meint ihr?«

Vitali setzte an, seine Zweifel bezüglich dieser Aktion zu äußern. Doch er kam nicht dazu und Matthias sprach weiter.

»Alles klar. Dann mach das mal«, sagte Matthias und war extrem gespannt darauf, wie Aydin das nun anstellen wollte. Nüchtern betrachtet, und das war Matthias auch klar, gehörten sie wohl zu den eher unauffälligen Gestalten im Fitnessstudio. Selbst die Dicken waren auffälliger. Aber als viel zu dünne Trainingsanfänger in viel zu großen Bodybuilder-klamotten, gehörten sie wohl nicht zur ersten Wahl der Damenwelt in diesem Etablissement. Doch Aydin schien den Unterschied im Spiegel zu den wirklich durchtrainierten Athleten im Studio nicht im Geringsten wahrzunehmen und steuerte so zielsicher auf eine mittlere Katastrophe für sein Ego zu.

»Na, Zuckerschnecke«, sagte Aydin völlig lässig zu einer durchtrainierten Schönheit, die gerade an ihrem Diätdrink nuckelte. »Lust auf eine heiße Party am Samstag in unserer Männer WG?«

Vitali drehte sich peinlich berührt auf die Seite und Matthias wartete schon auf den Aufprall ihrer Hand in

Aydins Gesicht. Doch sie war so perplex über die Frechheit des Spargeltarzans vor ihr, dass sie einen Moment brauchte, bis ihr die passende Antwort einfiel. Und die viel ziemlich kurz aus.

»Schwul, oder was?«, stellte sie die Gegenfrage und schallendes Gelächter ertönte aus dem Hintergrund. Es war ihre Aerobicgruppe, die sich geschlossen den Bauch vor Lachen hielt und Aydin die Röte ins Gesicht trieb. So war das definitiv nicht geplant und er drehte auf dem Absatz um, und lief zur Umkleide. Er war nicht einmal fähig ein „Ey, produzier misch net", oder etwas ähnliches dieser eingebildeten Schnepfe an den Kopf zu werfen. Matthias und Vitali folgten ihm, die sich ihrem eigenen Lachanfall nur mit größter Selbstbeherrschung erwehren konnten. Gleichzeitig war Vitali beruhigt, dass es wohl nicht ganz einfach werden würde, die Wohnung voll zu bekommen.

Aydin dagegen verfluchte in diesem Moment schon wieder das Weichei von seinem Vater, der sicher auch an dieser Situation wieder schuld war, dass er nicht schlagfertig genug war und mit entsprechender Würde aus dieser peinlichen Situation herausgekommen war. Er feuerte seine Trainingsklamotten in den Spint und stellte sich wortlos unter die Dusche. Wieder nichts mit Klatschen. Trotz intensiven Trainings in der Dusche zu Hause.

»Vielleicht sollten wir mit der Einweihungsparty sowieso noch ein bisschen warten«, sagte Vitali.

»Ich hab sowieso keine Lust mehr auf eine scheiß Einweihungsparty«, antwortete Aydin trotzig. Es fehlte nur noch, dass er mit dem Bein auf den Boden stampfte.

»Jetzt mach mal halblang. Eine verlorene Schlacht, bedeutet noch nicht, dass wir den Krieg verloren haben«, sagte Matthias und konnte sich ein Grinsen nicht ganz unterdrücken.

»Und außerdem sind wir ja auch noch gar nicht richtig organisiert«, ergänzte Vitali, der ausgesprochen froh darüber war, dass das Chaos nun zumindest etwas aufgeschoben war.

Matthias und Aydin schauten sich an und fragten sich beide, was nun das eine mit dem anderen zu tun haben könnte. Aber sie verzichteten darauf nachzufragen, um einer längeren Ausführung bezüglich Ordnung, Sauberkeit und Organisation in einer WG zu entgehen.

Zu Hause angekommen ließen Matthias und Aydin ihre Taschen mitten im Wohnzimmer auf den Boden, sich selbst auf die Couch fallen und spürten synchron, den Hunger, der sie überkam.

»Scheiße, was sollen wir denn eigentlich jetzt essen?«, fragte Aydin, der trotz seiner großen Klappe, alleine nicht überlebensfähig zu sein schien. Zu Hause bei Lena war der Kühlschrank immer voll und das Essen meistens gemacht und bei seinen Eltern war das auch nicht anders. Aber wie sollte das denn jetzt funktionieren?

»Mist, ich hab auch nicht dran gedacht«, ergänzte Matthias, der in der kurzen Zeit zwischen Bine und der Männer-WG meistens bei seinen Eltern gegessen hatte. Doch kurz bevor er anfing, das Essen von Bine zu vermissen, wurde er erlöst.

»Da könnt ihr aber mal froh sein, dass ihr mich habt«, antwortete Vitali mit einem breiten Grinsen im Gesicht. »Ich hab da nämlich mal was vorbereitet. Ich bin nach der Arbeit noch kurz einkaufen gewesen und hab gleich ein paar Sandwiches gerichtet.« Vitali war extrem stolz auf sich selbst und seine Brust schwoll davon deutlich mehr an, als beim Bankdrücken im Fitnessstudio. Trotz seiner partiellen Eigenarten, entlockte diese Aktion jetzt seinen Mitbewohnern eine kleine Lobeshymne auf die russische Haushälterin. Natürlich wurde dieser Begriff in Vitalis Gegenwart tunlichst vermieden.

»Auch wenn du einen Putzfimmel hast, manchmal etwas steif bist und ab und zu recht komische Ideen hast, sind wir wohl voll auf dich angewiesen«, sagte Matthias, was für Vitali einer Adelung durch die Queen gleichkam. Zumindest fast.

Im selben Moment machte sich Aydin das erste Mal in seinem Leben Gedanken darüber, dass der Kühlschrank wohl doch keinen automatischen Befüllungsmechanismus hat, und irgendjemand scheinbar wirklich an die Dinge denken und diese auch noch einkaufen musste, aus denen man dann das Essen zubereitete. Er hatte noch nie bewusst das Befüllen eines solchen Gerätes wahrgenommen. Er musste zwar schon gelegentlich mit Lena zum Einkaufen. Doch dabei beschränkte er sich ohne Ausnahme darauf, mit dem Einkaufswagen wie ein Zehnjähriger durch den Supermarkt zu rollen. Dass Vitali aber an die Sachen ganz von selbst dachte, erschütterte schon wieder seine Lebenseinteilung von Mann und Frau und er war noch viel verwirrter als zuvor. Ihm wäre fast lieber gewesen, Vitali hätte genauso wenig daran gedacht. Das hätte wenigstens seine Vorstellung bestärkt, dass generell die Frauen für so etwas zuständig sind.

Matthias dagegen war das scheißegal. Er war nur froh, dass er was zu essen bekommen hatte und Vitali freute sich darüber, mal wieder etwas richtig gut organisiert zu haben. Doch anstelle einer Belohnung, war nach dem Abendessen der Abwasch ebenfalls auf ihn zurückgefallen, denn Aydin bekam unerwartet Flitzkacke und verdrückte sich mit einem Playboy auf die Toilette. Matthias musste ganz plötzlich ganz dringend zur Tanke, um für den Abend noch einen kleinen Absacker zu besorgen.

# Kapitel 10 – Tag 3

Als Vitali wie immer als letzter die Wohnung verlassen hatte und gut gelaunt die Treppe hinunter ging, lernte er auf eine etwas ungewöhnliche Art den ersten Nachbarn des Hauses kennen. Er wollte gerade die Tür öffnen, als ziemlich genau zwei Zentimeter bevor er den Türgriff erreicht hatte, die Tür nach innen aufflog. Der Griff knallte an seine Hand, brach ihm den Mittelhandknochen und da er sich durch einen Reflex leicht nach vorne gebeugt hatte, erlitt er, kurz bevor er den Schmerz spüren konnte, den K.O. Schlag durch die Tür.

»Verdammt«, sagte der Nachbar, der gerade schwungvoll in den Hauseingang getreten war. »Warum können die Idioten denn nie aufpassen.«

Er rüttelte an Vitali und versuchte ihn wieder aus seiner Ohnmacht zurück ins Leben zu holen. Doch ohne Erfolg. Obwohl er eigentlich überhaupt keine Zeit hatte und gerade nur noch schnell etwas aus der Wohnung hatte holen wollen, musste er sich nun wohl oder Übel um den Tollpatsch auf dem Boden kümmern. Zum Glück war er ja Chef und konnte seinen Leuten irgendwas erzählen, warum er heute voraussichtlich erst deutlich später bei der Arbeit erscheinen würde. Ganz recht war ihm das eigentlich nicht, da er überzeugt davon war, dass ohne ihn nicht vernünftig gearbeitet wurde. Aber es blieb ihm ja nichts anderes übrig. Nachdem er sich bei seinen Mitarbeitern entschuldigt hatte, wuchtete er Vitali über seine Schulter und trug ihn zu seinem Wagen. Die Kopfnuss, die Vitali durch den Türrahmen mitbekommen hatte, weil sein Retter sich zu schnell umdrehte, bekam dieser gar nicht mit. Er kam sich schon ein wenig dämlich vor, als Passanten ihn beobachteten, wie er den bewusstlosen Menschen in sein Auto schaffte, um ihn ins Krankenhaus zu fahren. Warum er keinen Krankenwagen geholt hatte, war ihm allerdings selbst nicht klar. Doch bevor er diesen Sachverhalt erörtern konnte, war er auch schon angekommen und verlangte am Empfang einen Rollstuhl.

»Oder schicken sie mir besser auch gleich einen Pfleger her. Der kann sicher besser mit dem bewusstlosen Menschen in meinem Auto umgehen.«

Der Zivi am Empfang zog die Augenbrauen hoch, schaute skeptisch an seinem Gegenüber vorbei, ob er im Auto vor der Tür etwas erkennen konnte, und beschloss die Sache wirklich den Pflegern und Ärzten zu überlassen. Körperliche Arbeit war eher nicht so sein Ding. Menschen rumwuchten auch nicht.

Irgendwie überkam Vitalis Nachbar dann doch das schlechte Gewissen, als er gehen wollte, und beschloss noch ein wenig zu bleiben. Wenigstens, bis dieser aufwachen würde, oder die Ärzte ihm sagen könnten, dass alles in Ordnung sei. Irgendwie kam ihm dieser Mann auch bekannt vor, und genau in dem Moment, als Vitali die Augen aufschlug, fiel ihm ein, dass das sein neuer Nachbar aus der WG sein musste, dem er zwei Tage zuvor mit den Getränkekästen behilflich gewesen war.

»Wo bin ich hier?«, stammelte Vitali noch völlig benebelt. Sein Kopf fühlte sich an, als wäre er eine Testfläche für eine neue Generation von Pressluft-hämmern, die gerade in der Dauererprobung waren.

»Im Krankenhaus«, antwortete eine Stimme, die er aber nicht einordnen konnte. Jetzt spürte er auch seine Hand. Und zwar richtig heftig.

»Und wer sind sie?«, fragte Vitali den Menschen, der merkwürdigerweise neben seinem Bett saß und ihn ganz entfernt an jemanden erinnerte.

»Stimmt. Wir haben uns ja noch nicht richtig vor-gestellt. Ich bin Rolihlahla Schneider-Hundeloh. Ich wohne im selben Haus wie sie.«

»Wie war der Name noch gleich?«

Es wäre das erste Mal gewesen, dass jemand Rolihlahlas Namen sofort verstanden hätte. Den Ärger darüber hatte er in dem Moment, als er Wolke kennengelernt hatte, aber abgelegt. Und so zeigte er sich auch bei Vitali geduldig, wiederholte seinen Namen noch etwa drei Mal und erzählte ihm, was sich eine Stunde zuvor an der Haustüre zugetragen hatte.

Nur die Sache mit der Beule am Hinterkopf konnte Vitali auch nicht mit der Hilfe seines Nachbarn zuordnen. Wahrscheinlich würde sie vom Sturz auf den Boden kommen, erzählte Rolihlahla. Sonst hatte er keine Erklärung dafür.

»Ich wohne ein Stockwerk unter euch«, fuhr Rolihlahla fort. »Und vielleicht bekomme ich auch bald Zuwachs in meiner Wohnung. Ich hab nämlich die tollste Frau der Welt kennengelernt und bin so glücklich wie noch nie.«

Das war das absolut falsche Thema für den gebeutelten Vitali, aber Rolihlahla kannte keine Gnade und erzählte ihm alle Einzelheiten der noch jungen Beziehung. Seine Mitarbeiter Hans und Franz machten mittlerweile schon einen großen Bogen um ihren Chef, wenn der allzu gute Laune an den Tag legte. Denn dann wussten sie genau, dass wieder eine neue Geschichte von Wolke darauf wartete, erzählt zu werden. Doch sie entkamen ihm nie auf Dauer und erfuhren auch Dinge, die sie gar nicht wissen wollten. Rolihlahla war jedoch überzeugt davon, dass genau so etwas ihn als Chef viel menschlicher machen würde. Und als er nun Vitali seine Geschichte mit Wolke erzählte, dachte dieser unentwegt an seine Swetlana. Auch wenn sie nicht zusammengepasst hatten, vermisste er sie jetzt gerade ganz besonders. Die Träne, die sich dabei in sein rechtes Auge vorgearbeitet hatte, konnte er nicht zurückhalten und Rolihlahla deutete das als ein Zeichen der Rührung.

»Wunderschön, nicht wahr?«, sagte Rolihlahla und strahlte übers ganze Gesicht.

*»Kann dieser Vollpfosten jetzt nicht einfach mal seine Klappe halten!?«*, dachte Vitali und behielt die Worte aber für sich. Kurz darauf wurde er dann von Rolihlahla und seiner Märchenstunde erlöst und bekam endlich etwas gegen die Schmerzen. Bevor der Arzt mit der genaueren Untersuchung begann, versprach Rolihlahla aber noch am selben Abend nach ihm zu sehen. Zumindest, sofern er nach der Untersuchung entlassen werden konnte.

»Na prima«, sagte Vitali und hatte schon Angst vor der nächsten Lovestory. Doch dem war nicht genug und Rolihlahla setzte noch eins drauf.

»Vielleicht bring ich ja auch Wolke mit.«

»Mhmm«, bestätigte Vitali knapp.

»Aber ich glaube, sie kann heute gar nicht. Naja, wir werden sehen«, sagte Rolihlahla zum Abschied.

Der Arzt wandte sich an Vitali. »Ist es nicht schön, gute Freunde zu haben.«

»Oh ja«, antwortete Vitali und beschloss, das Thema jetzt erst einmal auf sich beruhen zu lassen.


»Mensch Alter, du machst vielleicht Sachen«, sagte Matthias, als er seinen Mitbewohner aus dem Krankenhaus abgeholt hatte.

»Wieso ich?«, antwortete Vitali. »Das war doch der eine Nachbar.«

»Welcher denn?«, hakte Matthias nach und hätte sich die Antwort aber auch gleich selbst geben können. Obwohl er in diesem Fall wohl wirklich nichts dazu konnte, hatte Rolihlahla ein Abo auf solche Fettnäpfchen. Und das nicht nur für zwölf Monate.

»Rolihlahla«, antwortete Vitali und sah Matthias nur zustimmend nicken. »Und er will heute Abend auch noch vorbeikommen und nach mir sehen.«

»Oh je, dann hoffe ich mal, dass er dabei nicht die Wohnung in Brand steckt«, sagte Matthias lachend. »Eigentlich ist er ja ganz in Ordnung. Nur eben etwas ungeschickt. Manchmal zumindest.«

»Ich weiß«, grummelte Vitali. »Ungeschickt und zu allem Elend auch noch furchtbar verliebt.«

»Ach, hast du dir auch schon die Geschichte mit seiner Wolke anhören müssen?«, fragte Matthias, der auch schon in diesen Genuss gekommen war. Bine war gerade erst ausgezogen, schon hatte ihm Rolihlahla seine Liebesgeschichte in allen Einzelheiten erzählt.

»Und das auch noch extrem ausgeschmückt! Dass er mir nicht noch gesagt hat, wo sie ein kleines süßes Muttermal hat, war ein Wunder!«

»Das kommt noch«, antwortete Matthias und sprach dabei aus Erfahrung.

»Na prima«, entgegnete Vitali noch niedergeschlagener.

»Jetzt komm schon. Ich gönne es ihm. Das ist das erste Mal für ihn, so weit ich weiß. Der war ja kurz vor der Explosion. Dem hat es das Eiweis ja fast zu den Augen rausgedrückt.«

»Im Moment sind solche Geschichten aber ziemlich unpassend.«

»Hast ja recht. Aber du hast doch auch immer gesagt, dass Swetlana eh nicht zu dir gepasst hat.«

»Trotzdem«, war das Wort mit dem Vitali das Thema nun endlich beenden wollte.

Als die beiden zu Hause angekommen waren, stand Rolihlahla auch schon mit einer Familienpizza, aber glücklicherweise ohne Wolke, vor der Wohnungstür und erklärte Aydin, was am Morgen geschehen war. Natürlich seine Version, in der Vitali selbst an seiner Verletzung schuld gewesen war.

»Mensch Vitali«, sagte Aydin. »Du bist aber auch manchmal ein richtiger Tollpatsch.«

Vitali setzte schon an, um zu erklären, dass er in diesem Fall überhaupt nichts dazu beigetragen hatte, sondern einzig und allein der Nachbar mit der Pizza für seinen gebrochenen Mittelhandknochen verantwortlich war. Doch dazu kam er erst gar nicht.

»Ach, das kann doch jedem mal passieren«, kam ihm Rolihlahla zuvor und Vitali fragte sich ernsthaft ob nun er, oder vielleicht doch sein neuer Nachbar unter extremen Wahrnehmungsstörungen litt. Als dieser dann mit seinen Ausführungen fortfuhr, entschied er sich für Letzteres. »Ich bekomm so was ständig mit. Bei der Arbeit, im Supermarkt, oder auch wenn ich mit Freunden unterwegs bin, passiert ständig jemandem etwas in dieser Art. Aber jetzt lasst uns die Pizza vernichten, bevor sie noch kalt wird.«

Abgesehen davon, dass Vitali nach kurzer Zeit tatsächlich wusste, wo das kleine süße Muttermal von Wolke war, entwickelte sich der Abend richtig gut. Nachdem Rolihlahla noch von seinen Freunden Sandro und Alex erzählt hatte und Aydin immer noch an der herben Schlappe im Fitnessstudio beim Anbaggern der Partyhühner zu knabbern hatte, planten sie erst einmal eine kleine Einweihungsfete unter Männern. Nach einigem hin und her ließ sich dann auch Rolihlahla darauf ein. Obwohl er zu Vitalis Leidwesen noch mehrfach betont hatte, dass er eigentlich jede freie Minute mit seiner neuen Liebe verbringen wollte. Doch als sie sich darauf geeinigt hatten, eine Runde Leisure Suite Larry über sich ergehen zu lassen, willigte er ein. Das war sein Lieblingscomputerspiel. Und gleichzeitig auch so ziemlich das einzige, was selbst nach Rolihlahlas Meinung, ausschließlich unter Männern zelebriert werden konnte.

# Kapitel 11 1/2 – Tag 4 (Teil 1)

Auch wenn seine Freunde ihn beim gemeinsamen Frühstück unverhohlen dafür beneidet hatten, war es Vitali eigentlich überhaupt nicht recht, dass er krankgeschrieben war. Wenn man es genau nimmt, litt er sogar extrem unter dieser Tatsache.

»Du hast doch echt einen Knall«, sagte Matthias. »Klar ist es beschissen, wenn die Hand gebrochen ist. Aber so kannst du wenigstens mal in Ruhe zu Hause rumhängen. Ich würde sofort mit dir tauschen.«

»Und ich erst«, bestätigte Aydin mit vollem Mund. »Ich könnte sowieso immer zu Hause bleiben und dem Sofa Gesellschaft leisten.« Aydin verlor dabei die Hälfte seines Bissens wieder, den er sich gerade in den Mund gestopft hatte und Vitali wusste sofort, dass er wohl selbst mit gebrochener Hand für deren Entfernung zuständig sein würde.

»Tja, da ist halt jeder anders«, entgegnete Vitali. »Aber immerhin ist die andere Hand ja in Ordnung. Da kann ich mich dann zumindest hier ein bisschen nützlich machen.«

»Genau«, sagte Matthias. »Das ist schließlich auch eine ehrenvolle Aufgabe. Und zu Hause gibt's ja sowieso immer was zu tun.«

»Du verarschst mich jetzt, oder?«, fragte Vitali und bekam als Antwort aber nur ein breites Grinsen und ein Schulterklopfen, das die Kopfschmerzen wieder etwas stärker in Fahrt brachten.

»Wir gehen dann mal«, sagte Matthias und stand zusammen mit Aydin auf, wie die Sau vom Trog. Als Vitali die Augenbrauen etwas hochgezogen hatte, ergänzte Matthias: »Es soll dir ja nicht langweilig werden, oder?«

»Haut schon ab«, rief Vitali ihnen hinterher und musste selbst ein wenig über die Situation lachen.

Trotz der Frotzelei und der Tatsache, dass er mittlerweile seinem Ordnungswahn selbst etwas kritisch gegenüberstand, konnte er sich nicht länger als fünf Minuten tatenlos auf dem Stuhl halten. Sein Kaffee war leer getrunken, das Müsli aufgegessen und die Krümel auf dem Tisch lachten ihn schon voller Hohn an. Wie ein Spezialagent taxierte er die Wohnung. Hinter seinem linken Auge war wie bei Arnold Schwarzenegger, als er den Terminator spielte, eine unsichtbare Liste, die mit Dingen und den dazugehörigen Tätigkeiten und Reaktionen versehen wurde.

Pizzakarton von gestern Abend -> Altpapier

Bierflaschen auf dem Boden -> Kasten im Keller – Wischen der Ränder auf dem Laminat.

Leere Chipstüte auf der Couch -> Müll

Klamotten überall in der Wohnung verstreut -> Waschmaschine.

So ordnete Vitali innerhalb kürzester Zeit das Chaos in seinem Kopf, plante eine sinnvolle Abfolge aller Tätigkeiten um Leerlauf zu vermeiden und nahm sich vor, seine Mitbewohner am Abend mit einer komplett durchstrukturierten Wohnung zu überraschen. Die Möglichkeit, dass Matthias und Aydin das alles scheißegal sein könnte, kam ihm immer noch nicht in den Sinn. Trotz verletzter Hand wirbelte er durch die Wohnung und hatte dabei ein Lachen im Gesicht, wie Menschen, die gerade ihrer Lieblingsbeschäftigung nachgingen. Aber mal abgesehen vom Aussaugen des Motorraums, war er ja auch bei einem seiner Steckenpferde. Die Wohnung war nach etwa fünf Stunden blitzblank geputzt. Mit einer Mülltüte über seiner geschienten Hand, die er akribisch mit Klebeband abgedichtet hatte, stand er nun da und betrachtete sein Werk. Nichts lag mehr an einer Stelle, wo es seiner Meinung nach nicht hingehörte. Die Küche war komplett neu eingeräumt und selbst die Ablage von Matthias hatte er vorsortiert und im Wohnzimmerschrank neben den Ordnern platziert. Gerade als Vitali die Trainingsjacke von Matthias von der Stuhllehne nahm und an die Garderobe hängte, klingelte es an der Haustüre. Vitali befürchtete schon, dass neue Wolkegeschichten auf ihn warteten, und schaute vorsichtshalber erst einmal durch den Spion an der Tür. Draußen stand eine wunderschöne Frau. Elegant gekleidet und die Haare perfekt in Form geföhnt. Vitali rieb sich die Augen, um sicher zu gehen, dass er von Rolihlahlas Liebesgeschichten keine Wahnvorstellungen bekommen hatte und schaute erneut hindurch. Die Schönheit stand immer noch da und klingelte nun schon zum zweiten Mal.

»Einen kleinen Moment noch«, rief Vitali und rannte ins Bad, um nachzusehen, ob seine Frisur noch saß und die Klamotten sauber waren. Zum Glück bemerkte er noch die Mülltüte über seiner Hand und entfernte sich beim Abziehen der Klebestreifen seine komplette Behaarung an dieser Stelle. Den Schmerzensschrei unterdrückte er mit Mühe und eilte zurück zur Tür. Zur gleichen Zeit wunderte sich die Frau, die gerade davor stand, über die ihr unbekannte Stimme. Doch bevor sie weiter darüber nachdenken konnte, öffnete Vitali die Tür und setzte sein charmantestes Grinsen auf.

»Hallo«, sagte er. Etwas Originelleres war ihm auf die Schnelle nicht eingefallen.

»Hallo«, entgegnete die Frau, die für einen kurzen Moment durch Vitalis Anblick unfähig war zu sprechen. Als sie die erste Verwunderung überstanden und die Stimme wiedergefunden hatte, fuhr sie fort: »Wer sind denn sie?«

»Ich bin Vitali. Aber wer sind sie? Sie haben schließlich an meiner Tür geklingelt. Ich gehe davon aus, sie wussten, wo sie hinwollten.« Vitali strahlte übers ganze Gesicht und konnte sich gerade selbst nicht erklären, was ihn an dieser Frau so verzückte.

»Ich bin Sabine und hab bis vor Kurzem noch hier gewohnt. Ich wusste nicht, dass Matthias sich so plötzlich für das andere Geschlecht entschieden hat und schon mit seinem neuen Freund hier zusammengezogen ist.« Sabine wusste nicht, ob sie jetzt lachen oder weinen sollte. Die Vorstellung, dass ihr Ex-Freund gleich nach ihrer Trennung schwul geworden war, kam ihr doch etwas befremdlich vor. Doch eigentlich war das unmöglich. Zumindest wenn man die Klischees der homosexuellen Männer in Betracht zog. Ordnung, Sauberkeit, gepflegtes Äußeres.

»Was? Freund?«, stammelte Vitali und ihm wurde schlagartig bewusst, was Sabine damit gemeint hatte. »Nein, das ist nicht so, wie sie denken. Wir wohnen hier zu dritt in einer WG, weil wir alle frisch getrennt sind und nicht alleine sein wollten.« Den letzten Teil des Satzes bereute er schon, als er ihn ausgesprochen hatte. Was sollte sie denn jetzt von ihm denken?

»Na ja, wie auch immer. Ist Matthias auch da? Ich wollte kurz mit ihm reden, weil ich noch ein paar Sachen vergessen habe.«

»Hab ich gesehen. Also beim Aufräumen«, antwortete Vitali immer noch sehr verunsichert und verträumt zu gleich.

»Ja was ist denn jetzt?«, hakte Sabine energisch nach, die nicht wusste, was sie vom Blick ihres Gegenübers halten sollte.

»Bitte was?«, säuselte Vitali und blieb mit seinem Blick an Sabines Haarklammer haften, die mit absoluter Perfektion die Haare einschloss, die ihr zugeteilt waren. Nichts stand ab. Ein Zeichen perfekter Ordnung. Vitali war kurz davor ernsthaft erregt zu werden, als sie ihn wieder aus seinem Traum gerissen hatte.

»Ist Matthias da?!«, rief sie ihm entgegen. Und dieses Mal deutlich lauter, als zuvor.

»Ach so. Äh, nein. Aber er kommt bald. Ich könnte ihnen einen Kaffee anbieten. Wenn sie möchten, können sie gerne warten.«

»Also gut. Ich komm kurz rein«, sagte Sabine, die mehr von Neugier getrieben wurde, als dass sie wirklich dringend hätte warten müssen. Sie wollte schon wissen, wie es in so einer Männer-WG aussieht. Sie machte sich auf das Schlimmste gefasst. Vor ihrem geistigen Auge sah sie schon überall Wäsche und Müllberge, ungespültes Geschirr in der Küche und Essensreste neben dem Mülleimer. Doch als sie die Wohnung betrat, staunte sie nicht schlecht und rieb sich, genau wie Vitali als er durch den Spion geschaut und Sabine gesehen hatte, die Augen, um sicher zu gehen, dass sie gerade keiner Halluzination zum Opfer gefallen war.

»Habt ihr eine Putzfrau?«, fragte Sabine.

»Nein, warum?«, antwortete Vitali, der sich ernsthaft über diese Frage wunderte. Eine Putzfrau würde seinen Anforderungen sowieso nie genügen. Er war kurz davor, das als Beleidigung aufzufassen.

»Na, weil es hier so sauber ist.«

»Ach so. Ich bin doch gerade krankgeschrieben und hab heute Morgen nichts anderes zu tun gehabt. Da hab ich mal ein bisschen Ordnung gemacht.« Vitali klopfte sich innerlich selbst auf die Schulter. Wenigstens erkannte endlich jemand, was er ordnungstechnisch leisten konnte. Und das mit nur einer Hand.

»Respekt. Das sieht ja richtig gut aus.«

»Übertreiben sie nicht gleich, sonst werde ich ja noch rot. Das ist doch ganz normal. Ich liebe Ordnung und Sauberkeit.«

»Und sie sind wirklich nicht schwul?«, fragte Sabine nach. »Nicht, dass ich daran etwas auszusetzen hätte, aber ich hab das noch nie bei einem heterosexuellen Mann in diesem Ausmaß erlebt.«

»Nein, bin ich nicht«, antwortete Vitali. »Meine Ex-Freundin konnte das allerdings gar nicht leiden. Die hat sich immer darüber aufgeregt.« In diesem Moment gingen ihm wieder die Worte von Swetlanas Abschiedsbrief durch den Kopf.

»Die spinnt doch«, flüsterte Sabine leise, schüttelte den Kopf und entwickelte schon allein wegen des Anblicks der Wohnung eine große Sympathie für Vitali. Sie setzte sich an den Küchentisch und ließ sich von Vitali einen frischen Kaffee bringen. Zwischen den beiden entwickelte sich eine angeregte Unterhaltung über seine gebrochene Hand, Fensterputztechniken, die feine Unterscheidung von Jackentypen zwischen Sakko, Blazer und Übergangsjacke und die Notwendigkeit einer Zahnbürste, um das Auto auch wirklich sauber zu halten. Keiner der beiden realisierte, wie schnell die Zeit verflogen war.

Viel zu sehr versetzte es die beiden in Hochstimmung, sich endlich mit einem Seelenverwandten über ihr Lieblingshobby austauschen zu können. Weder Vitali noch Sabine bemerkte, dass Matthias auf einmal in der Tür stand und die beiden kritisch beobachtete.

# Kapitel 11 2/2 – Tag 4 (Teil 2)

Was ist denn hier los?«, fragte Matthias, als er Vitali mit Sabine an seinem Küchentisch sitzen sah. Die waren aber so in ihr Gespräch vertieft, dass sie Matthias nicht einmal bemerkt hatten, als er sie angesprochen hatte. Zu seinem Entsetzen gaben die beiden sogar ein richtig harmonisches Bild ab, wie sie da so saßen und gerade über Polohemdenkrägen sinnierten.

»HALLO!«, sagte Matthias nun deutlich lauter, was zur Folge hatte, dass Bine ihn auch gleich beim ersten Treffen nach der Trennung wieder einen Fön verpasste.

»Musst du mich so erschrecken, du Idiot?«, blaffte sie ihn an und er wusste gleich wieder, dass er alles richtig gemacht hatte.

»Leiser habt ihr mich ja nicht registriert«, antwortete Matthias. »Was willst du hier?«

»Ich hab ein paar Klamotten vergessen. Die nehme ich mit und dann bist du mich schon wieder los. Gib sie mir einfach und ich verschwinde.«

»Dann beeil ich mich doch gleich mal«, sagte Matthias so ironisch, wie er konnte.

»Äh, ich glaub du wirst sie nicht finden«, intervenierte Vitali. »Ich hab ein wenig umgeräumt und alles etwas sinnvoller verstaut. Da hab ich auch gleich die Klamotten frisch eingeräumt.«

»Du hast meinen Schrank umgeräumt?«, fragte Matthias völlig verwirrt. Warum um alles in der Welt räumt ein Mann den Kleiderschrank eines anderen Mannes um? Er fand auf die Schnelle keine plausible Erklärung und musste feststellen, dass Vitali, das als völlig normal empfunden hatte.

»Klar, warum denn nicht?«

»Na, weil...ach, was weiß denn ich. Ich hab noch nie einen Schrank umgeräumt. Und schon gar nicht von jemand anderem.«

»Deshalb sieht es bei dir auch immer aus, wie in einem Schweinestall«, mischte sich Sabine ein, für die Vitalis Ausführungen Wasser auf die Mühle waren. Unbewusst spielte ihr Vitali den Ball im Sechzehner direkt vor die Beine, während der Torhüter an der Seitenlinie gerade Blumen pflückte.

»Ja, genau. Das passt dir ja wieder prima rein, oder?«, entgegnete Matthias schon fast etwas beleidigt. Vitali wurde es langsam etwas unwohl in seiner Haut. Scheinbar hatte er in eine offene Wunde bei seinem Mitbewohner gegriffen. Der sah nämlich im Moment nicht gerade freundlich aus.

»Also ich geh dann mal die Klamotten holen«, sagte Vitali und ließ die beiden Streithähne alleine. Ohne einen weiteren Blick auf das Geschehen zwischen Matthias und Sabine zu werfen, schlich er sich auf Zehenspitzen davon. Auch wenn er keine Ahnung hatte, warum er das Bedürfnis hatte zu schleichen.

»Oh oh, die passen ja noch weniger zusammen, als Swetlana und ich«, flüsterte Vitali leise vor sich hin und war sich noch nicht sicher, ob er die Ex-Freundin seines Mitbewohners begehren oder lieber fürchten sollte. Er ertappte sich dabei, wie er sich ausmalte, dass er von Sabine auf alle erdenklichen Arten für das Aufräumen und Putzen der Wohnung belohnt wurde. Er schämte sich fast für diese Gedanken und musste kurz in Matthias Schlafzimmer verharren, bis die Beule in seiner Hose wieder verschwunden war. Er schnappte den Stapel Klamotten von Sabine, den er am Morgen beim Umräumen auch noch schnell durchgebügelt hatte, bevor er ihn verstaut hatte, und stellte fest, dass der Streit sich in eisiges Schweigen transformiert hatte. Beide hatten die Arme vor der Brust verschränkt und würdigten sich keines Blickes.

»Hier sind deine Kleider«, sagte Vitali schüchtern, konnte aber nicht darauf verzichten, ihr mitzuteilen, dass alles frisch gebügelt sei. Matthias schlug sich die Hand an die Stirn und beschloss sofort ein Be-ruhigungsbier zu trinken. Auf dem Weg an den Kühl-schrank brabbelte er noch etwas Unverständliches vor sich hin, dass Vitali nicht verstehen konnte. Irgendwie machte ihn die Situation nervös.

»Mensch, du bist ja ein richtiger Schatz«, antwortete Sabine und umarmte Vitali. »Bringst du mich noch kurz raus?« Matthias schüttete das erste Beruhigungsbier auf Ex in sich hinein und verordnete sich im selben Moment sofort ein zweites.

Vitali stand kurz vor einem Kreislaufzusammenbruch. Sein Freund Matthias schien überhaupt nicht davon begeistert zu sein, während er das dringende Bedürfnis verspürte, die zwei Minuten noch mit Sabine zu genießen. Er war hin und her gerissen.

»Mhmm«, sagte Vitali und setzte sich in Bewegung ohne Matthias anzuschauen.

Nachdem er Sabine noch die Treppe hinunter bis zur Haustüre begleitet hatte, nahm sie ihn noch einmal in den Arm. Vitali hatte alle Mühe seinen kleinen Freund im Zaum zu halten, als Sabine ihm zum Abschied einen Kuss auf die Wange gegeben hatte und ihm noch einmal versicherte, dass er doch wirklich ein Schatz sei. Ganz zu schweigen davon, dass sie ohne Ankündigung vom „Sie" ins „Du" übergangen war. Das alleine kam für Vitali schon einer Intimität gleich.

»Bist du eigentlich noch länger krankgeschrieben?«, fragte sie beiläufig, als sie sich schon fast zum Gehen umgedreht hatte.

»Nächste Woche auf jeden Fall. Warum?«

»Ach, nur so«, antwortete sie und lief zu ihrem Auto. Aber nicht einfach so. Nein, sie zelebrierte jeden Schritt mit ihren Hüften und warf Vitali, während sie einstieg, noch einen letzten Blick zu. Der war wie versteinert und fragte sich, ob das alles echt war, ob er träumte, oder ob Sabine das nur machte, um Matthias eifersüchtig zu machen. Wie dem auch sei, sein Weltbild, was das weibliche Geschlecht betraf, hatte diese Frau soeben wieder gerade gerückt. Wie in Trance schlenderte er die Treppe wieder hoch und hörte nur gedämpft, was Matthias zur Begrüßung sagte.

»Du bist ja ein richtiger Schatz«, leierte er unentwegt vor sich hin. »Du bist ja ein richtiger Schatz«.

Vitali wusste nicht, was er darauf entgegnen sollte, als er endlich richtig verstanden hatte, auf was sein Freund anspielte. Daher beschloss er, erst einmal nichts zu sagen, setzte sich auf die Couch und schaltete den Fernseher ein. Matthias setzte sich wortlos daneben. Das Schweigen hielt an bis Aydin nach Hause kam.

»Mahlzeit!«, schrie Aydin förmlich, schlug die Tür zu und wunderte sich, dass er keine Antwort bekam. Er schaute kurz zu den beiden auf das Sofa, erkannte sofort die dicke Luft und holte drei Entspannungsbiere aus dem Kühlschrank. Ohne Kommentar setzte er sich zu seinen beiden Mitbewohnern, die im Moment eher nach einem zerstrittenen Ehepaar aussahen. Er reichte ihnen das Bier, und da keine Beschwerden kamen, als er auf eine Kochsendung umgeschaltet hatte, wusste er, dass er das Bier abwarten müsste, bevor er wieder etwas sagen konnte. Sein Plan ging auf, und schon beim nächsten Bierchen fing Matthias an, sich über das Fernsehprogramm auszulassen, was hieß, dass er wieder in der WG angekommen war.

»Was hast du da denn eigentlich für einen Scheiß eingeschaltet?«, fragte Matthias. Und als Vitali seinen Lappen aus dem Kästchen unter dem Couchtisch rausgeholt hatte, um die Wasserränder der Bierflaschen abzuwischen, wusste Aydin, dass langsam wieder alles in Ordnung zu kommen schien.

»Ich hab nur ausprobiert, wann ihr wieder ansprechbar seid«, sagte Aydin mit einem Grinsen im Gesicht. »Was ist euch denn für eine Laus über die Leber gelaufen? Ihr seht ja aus, als hättet ihr einen massiven Ehestreit.«

»Sabine«, sagte Matthias.

»Und das war so schlimm?«, hakte Aydin nach, der schon eine spannende und unterhaltsame Story witterte.

»Das alleine nicht«, antwortete Matthias. »Aber wie sie mit Vitali rumgeturtelt hat, fand ich nicht lustig. Und der Penner hat auch noch mitgemacht.«

»Was, Vitali?«, fragte Aydin entgeistert. »Wie hast du das gemacht?«

»Ich hab gar nichts gemacht«, antwortete Vitali.

»Doch«, sagte Matthias.

»Was denn jetzt?«, wollte Aydin wissen, um vielleicht eine neue Taktik unter Bunnys aufreißen ablegen zu können. Aber anstelle einer brauchbaren Hilfestellung erhielt er nur wieder eine entmutigende Antwort.

»Er hat geputzt und ihre Klamotten gebügelt.«

»Verdammt, ich glaub mein Vater hat doch alles richtig gemacht«, sagte Aydin. Warum zum Geier musste immer alles so sein, wie er es sich nicht vorgestellt hatte.

»Hä?«, war der Synchronkommentar von Vitali und Matthias.

»Ach nix« antwortete Aydin und holte gleich noch mal drei Flaschen Gerstensaft. Es dauerte einige Biere lang, bis die Luft in der Männer WG wieder richtig klar wurde. Wie viel genau, wusste keiner mehr am nächsten Tag. Aber die Sache mit dem Putzen und Bügeln verfolgte Aydin noch die halbe Nacht. In seinem Traum kam Vitali im Putzfrauenoutfit bei ihm zu Hause vorbei, nachdem er wieder mit Lena zusammengekommen war. Ein Staubwischer hier, ein bisschen Bügeln da und Lena schnappte sich die männliche Putzschlampe und brannte mit Vitali durch.

# Kapitel 12 – Tag 5

Obwohl der Freitag ganz im Zeichen der Einweihungsfete stand, die am darauffolgenden Tag stattfinden sollte und Aydin im Nachhinein ganz froh gewesen war, nun doch keine der eingebildeten Aerobicmiezen eingeladen zu haben, beschäftigte ihn den ganzen Tag etwas ganz anderes.

»Putzen und Bügeln«, murmelte er immer wieder vor sich hin. Sollte das die Lösung sein, um an Frauen ranzukommen? Zuerst hatte er nicht einmal nachvollziehen können, warum Vitali überhaupt schon eine Freundin gehabt hatte. Er war ja so was von uncool und unentspannt im Gegensatz zu ihm, dass es schon fast nicht auszuhalten war. Und dann hatte der doch tatsächlich mit Putzen und Bügeln die Ex von Matthias scharfgemacht. Damit wurde Aydin überhaupt nicht fertig. Sein ganzes Weltbild geriet ins Wanken und er fragte sich, ob er nicht den größten Fehler seines Lebens begangen hatte, als er ausgezogen war. Im Moment gelang es ihm noch diesen Gedanken beiseitezuschieben, aber er war sich nicht sicher, wie lange noch. Wenn jetzt noch häufiger diese Art von Vitali, und was noch viel schlimmer war, die Art seines Vaters, sich als extrem Frauen verstehend erweisen sollte, würde er Schwierigkeiten bekommen, seine Einstellung sich selbst gegenüber zu rechtfertigen. Aber bis es soweit war, wollte er definitiv die coole Sau markieren und checken, ob die Weiber nicht doch auf die richtig coolen Typen stehen würden.

Ein weiterer Punkt, der ihn nach fünf Tagen Männer-WG durcheinanderbrachte, war die Tatsache, dass er eigentlich mit Kumpels zusammenwohnen wollte, um endlich keine Frauen mehr ertragen zu müssen. Und die einzige Sache, die ihm im Kopf herumging, war, wie er am besten eine neue Frau aufreißen könnte. Am besten sogar gleich mehrere.

»Oh Mann, was für eine Scheiße«, fluchte Aydin. »Das kann doch alles gar nicht wahr sein. Mit geht nicht, und ohne auch nicht. Scheiß Weiber.«

Wo sollte das alles nur hinführen? Er konnte ja schließlich auch nicht jeden Tag saufen, bis er sich an nichts mehr erinnern konnte. Oder etwa doch? Naja, irgendwie war er sich sicher, dass er das locker noch eine ganze Weile so durchziehen könnte. Vielleicht sollte er eher versuchen eine aus dem Hausfrauenkurs Wampe, Haxen, Arsch klar zumachen. So war zumindest seine Bezeichnung für die Bauch, Beine, Po Fraktion. Dort hatten zwar fast alle zu viel Bauch, zu kurze Beine und einen zu breiten Po, aber er musste wohl etwas kleiner, als bei der Power-Aerobic-Gruppe, anfangen. Warum, konnte er sich allerdings überhaupt nicht erklären.

Matthias dagegen konnte immer noch nicht fassen, wie Sabine seinen Freund Vitali angeschaut hatte. Am meisten ärgerte ihn ja daran, dass er sich überhaupt darüber ärgerte. Er wollte sich eigentlich so gar nicht mehr von ihr beeinflussen lassen und jetzt war sie ein einziges Mal wieder in seiner Nähe gewesen und hat es ohne Anlaufzeit geschafft, dass er sich sofort wieder über sie aufregen musste. Vor allem aber fragte er sich für einen kurzen Moment, warum er sich von Sabine getrennt hatte und kurz darauf mit der männlichen Sabine zusammengezogen war. Das ergab doch alles keinen Sinn. Er redete sich tapfer ein, dass Vitali schließlich ein Mann sei und früher oder später seinen Putzwahn ablegen würde und auch einfach mal seine stinkigen Socken ohne Tüte in die Sporttasche packen würde. Oder, dass er vielleicht wenigstens die Wasserränder der perfekt gekühlten Bierflaschen nicht gleich wieder wegwischen würde. Mit diesem Gedanken kam er zu Hause an, öffnete die Tür und sah Vitali bei lauter Musik mit dem Staubsauger durch die Wohnung tanzen. Und es war nicht irgendeine Musik. Nein, es dröhnte „Das bisschen Haushalt, macht sich von allein" aus den Boxen, die eigentlich gar nicht für solche musikalischen Beleidigungen konzipiert worden waren. Jetzt hatten nur noch eine Schürze und ein Kopftuch gefehlt.

»Das gibt's doch nicht«, stöhnte Matthias. »Der hat doch gestern schon geputzt. Ich könnte meinen Arsch drauf verwetten, dass ich mit dem irgendwann ins Krankenhaus fahren muss, weil er sein Lieblingsgerät auch noch für ganz andere Sachen benutzt.« Er schüttelte sich und versuchte diese Vorstellung krampfhaft wieder ganz weit wegzuschieben. Doch sie blieb an ihm haften, wie ein klebriges Bonbon.

Matthias schaute vorsichtig ins Wohnzimmer, ob nicht vielleicht doch Sabine auf der Couch lag und sich gerade mit Vitali zusammen in einem perversen Liebesspiel befand, in dem Haushaltsgeräte eine wichtige Rolle spielten. Doch Matthias konnte durchatmen. Sie war nicht da. Zum Glück. Er ging zur Steckdose, zog das Kabel des Staubsaugers heraus und beobachtete, wie Vitali auf sein Arbeitsgerät starrte. Sein Blick folgte dem Kabel, an dessen Ende sich Matthias festhielt und es locker über den Finger baumeln ließ.

»Ich war aber noch nicht ganz fertig«, sagte Vitali enttäuscht.

»Vitali, wenn du so weitermachst, hast du dich nach vier Wochen bis zur unteren Wohnung durchgesaugt. Deinem Putzwahn hält ja nicht mal eine Betondecke stand.«

»Ha ha, sei doch froh, dass hier überhaupt jemand putzt.«

»Ist ja gut. Aber zu viel putzen erinnert mich zu stark an Bine. Und da hab ich keinen Bock drauf. Du willst ja nicht, dass ich in einer wehmütigen Minute meine Fassung verlier und über dich herfalle, oder?«

Matthias schwenkte das Staubsaugerkabel mit einem lasziven Blick. Aber entweder ignorierte Vitali gekonnt diese Geste, oder er wusste wirklich nicht, auf was sein Freund da gerade hinauswollte. Für ihn war tägliches Saugen schließlich das Normalste auf der Welt.

»Wie du meinst. Auf jeden Fall hab ich vorhin, zusammen mit Rolihlahla, den Großeinkauf erledigt. Er hatte frei, Wolke war beschäftigt und er war so freundlich mich zu fahren.«

»Und? Irgendwelche Zwischenfälle?«, fragte Matthias mit einem breiten Grinsen im Gesicht. Irgendwas war ja eigentlich immer, wenn Rolihlahla im Spiel war. Und wenn er selbst nur an einem Türrahmen hängen blieb, oder sich beim Aussteigen aus dem Auto im Gurt verfing.

»Mal abgesehen davon, dass er einmal bei Rot über die Ampel geschossen ist, weil er gerade dabei war, ausnahmsweise von Wolke zu schwärmen, war eigentlich nichts. Gut, der Fußgänger, der vor seinem Auto flüchten musste, ließ vor Schreck seine Einkäufe fallen«, fügte Vitali noch hinzu und gönnte sich ein kurzes, schadenfrohes Grinsen, das Matthias gar nicht von ihm gewohnt war. Normalerweise tat er das nämlich auch nicht. Er amüsierte sich nur ganz selten über die Missgeschicke anderer. Doch bei Rolihlahla konnte man fast nicht anders. Außer man wurde zu seinem Opfer. Davon konnte Vitali ja auch schon ein Lied singen. Das war wohl auch der Grund, der die Schadenfreude für ihn, wenigstens zum Teil, legitimierte.

»Dann setz das nächste Mal besser einen Helm auf«, scherzte Matthias und prüfte die Biervorräte. Es hätte ihn nicht gewundert, wenn Vitali plötzlich die Idee gehabt hätte, alkoholfreie Cocktails anzubieten und auf den guten Gerstensaft zu verzichten.

»Das sieht ja gar nicht schlecht aus. Damit lässt sich auf jeden Fall ein lockerer Abend bestreiten. Ich bin sowieso gespannt, was das wird. Die Kumpels von Rolihlahla kenn ich nur vom Sehen. Und normal ist anders. Aber schlimmer als er können die ja auch nicht sein.«

»Jetzt lass es doch einfach mal auf dich zu kommen. Vielleicht täuscht ja auch das Äußere«, sagte Vitali und konnte es sich gerade noch verkneifen, Matthias eine Moralpredigt über Vorurteile zu halten. Wenigstens zog er es in Erwägung, dass diese Aussage auch ein Spaß sein könnte.

»Ich hoffe es. Das letzte Mal, als ich die beiden im Treppenhaus getroffen habe, hatte der eine einen

Nadelstreifenanzug an, die Haare mit Gel nach hinten zementiert, was aber nicht wirklich gehalten hat, und eine Sonnenbrille im Gesicht. Die war so schwarz, dass er geradewegs an die Wand gedonnert ist, als das Licht kurz ausging. Der andere hatte einen schwarzen Mantel an, wie Neo aus Matrix. Aber sonst sind die bestimmt normal.«

Vitali verzichtete auf einen Kommentar. Er nahm sich vor, egal wie sein Mitbewohner das jetzt auch gemeint haben könnte, völlig ohne Vorurteile auf die Freunde von Rolihlahla zuzugehen.

»Mahlzeit!«, schrie Aydin am späten Nachmittag, als er zur Tür hereingekommen war. Er wollte seine Jacke über den Stuhl werfen, was aber nicht geklappt hatte. Sie flog vorbei, direkt auf den Boden, die Tasche landete daneben und Aydin geradewegs auf der Couch. Vitali wollte gerade ansetzen, als Matthias den Zeigefinger hob.

»Immer locker bleiben. Für heute ist Putzverbot. Du bist krankgeschrieben und musst dich schonen. Lass die Sachen einfach liegen.«

Enttäuscht blickte Vitali zu Boden. Es war ihm zwar völlig unverständlich, was daran schlimm sein konnte für Ordnung zu sorgen, aber er ließ es sein. Auch wenn es ihm nicht leichtgefallen war. Das Zusammenleben in einer WG war eben auch ein ständiger Kompromiss.

»Ist ja gut«, sagte Vitali leise. »Kann ich euch wenigstens erzählen, wie ich den großen Fleck auf dem Teppich rausbekommen habe?«

»NEIN!«, sagten Aydin und Matthias synchron.

»Aber...«, setzte Vitali noch einmal an.

»NEIN!«, wiederholten seine Freunde und hielten sich so fest sie konnten die Ohren zu und sangen dabei LALALALALA, so laut es ihre Stimmbänder hergaben.

Vitali ließ sich völlig unbefriedigt aufs Sofa fallen und dachte an Bine. Er malte sich die wildesten Geschichten aus, wie sie gemeinsam frohlockend durch die Wohnung tanzten. Er mit dem Staubtuch und sie mit dem Sauger. Die kleinsten Ecken der Wohnung wurden staubfrei gezaubert, alle Glasflächen mit dem edelsten Reiniger poliert und das Parket wieder zum Glänzen gebracht. Vitali war durch seine Träumerei so verzückt, dass es ihm, für seine beiden Couchnachbarn völlig unverständlich, mit geschlossenen Augen ein zufriedenes Lächeln ins Gesicht gezaubert hatte. Und das, obwohl er gerade nicht einmal aufräumen durfte.

»Irgendwas stimmt mit dem nicht«, flüsterte Matthias Aydin ins Ohr.

»Mhmm«, bestätigte dieser. Damit war das Thema fürs Erste erledigt.

Vitali ertappte sich dabei, wie er in seinem Tagtraum sogar daran dachte, mit Bine intim zu werden.

Er war gerade dabei, die Couch mit Handtüchern auszulegen, damit keine unnötigen Flecken entstehen würden, als Matthias ihn schlagartig wieder in die Realität zurückholte.

»Hey Putzteufel, willst du auch ein Bier«, rief Matthias und hielt ihm die Flasche direkt unter die Nase.

»Ach ne, nicht schon wieder«, stöhnte Vitali.

»Keine Wiederrede. Belohnung muss sein. Schließlich hast du die Burg gewienert.«

Vitali gab sich geschlagen und fragte sich ernsthaft, ob sein Sinn für Sauberkeit ihn am Ende noch zum Alkoholiker machen würde.

# Kapitel 13 1/2 – Tag 6 (Teil 1)

Nachdem Vitali die ganze Nacht seine wildesten Fantasien ausgelebt hatte, in denen Sabine nicht unbeteiligt war, musste er, nach einem kleinen Missgeschick, am frühen Morgen sein Bett abziehen und die Wäsche in die Waschmaschine stecken. Früh war bei Vitali in diesem Fall halb fünf. Vitali schlich auf Zehenspitzen durch den Gang, um ja niemanden zu wecken. Die Sache war ihm ja so was von peinlich. Nur die Tür der Waschmaschine gab ein Geräusch von sich, das sich unverschämterweise durch die ganze Wohnung gearbeitet hatte.

»Was ist denn da draußen los?« rief Matthias, der seinen Mitbewohner, trotz dessen Bemühungen sich lautlos zu verhalten, gehört hatte.

»Nichts«, rief dieser und wurde knallrot im Gesicht, was im Dunkeln zum Glück niemand sehen konnte.

»Und warum hört sich „Nichts" wie meine Waschmaschine an?«, fragte Matthias.

»Äh, also, wie soll ich das jetzt sagen«, stammelte Vitali vor sich hin und rang hilflos nach einer plausiblen Erklärung für seine frühmorgendliche Waschaktion. So etwas war selbst für ihn untypisch. Obwohl es nicht das erste Mal für ihn gewesen war.

Diese Erkenntnis brachte ihn aber auch nicht wirklich weiter.

»Vergiss es. Eigentlich will ich das gar nicht wissen. Solange du mit deinem Putzfimmel nicht irgendwelche perversen Sachen mit dem Staubsauger abziehst, ist mir das egal. Aber sag bitte dem „Nichts", es soll die Waschmaschine wieder ausschalten. Es ist halb fünf und ich will noch schlafen.«

»Alles klar«, antwortete Vitali, dem gerade ein Stein vom Herzen gefallen war, dass Matthias nicht weiter nachgefragt hatte.

Aydin bekam von all dem nicht das Geringste mit. Neben ihm hätte Vitali sogar nachts saugen können und er hätte nichts mitbekommen. Aber Matthias musste ja wieder aufwachen. Vitali beschloss ebenfalls noch eine Runde zu schlafen, um auch fit genug für die Einweihungsfete zu sein. Allerdings stellte er den Wecker, um auch wirklich der erste im Bad zu sein.

Das Wasser, das aus dem frisch mit Essigessenz gereinigten Duschkopf sprudelte, lief gerade angenehm warm an Vitali hinunter, als Matthias mal wieder ohne zu klopfen im Bad stand. Vitali erschrak dabei immer noch zu Tode und ärgerte sich gleichzeitig darüber, dass sein Mitbewohner auch nach mehrmaligem Bitten seinerseits nicht die geringsten Anstalten machte, anzuklopfen. Auch heute wollte er Matthias wieder einen dezenten Hinweis auf die Wahrung der Privatsphäre geben, aber er kam nicht dazu.

»Hast du dir heute Nacht einen von der Palme geschüttelt?«, stellte Matthias die Frage, die Vitali überhaupt nicht hören wollte und deshalb lieber noch mal nachfragte. Er hatte keine Ahnung, wie Matthias es geschafft hatte seine Frage gleich auf Anhieb in die richtige Richtung zu leiten und damit sein Sprachzentrum ins Stocken zu bringen.

»W W was meinst du?«, stotterte Vitali und sah förmlich den kleinen Hoffnungsschimmer schwinden, sich wirklich verhört zu haben. Mit der Antwort von Matthias verschwand dieser umgehend durchs Schlüsselloch und Vitali wurde mit der unbequemen Wahrheit konfrontiert.

»Ob du dir den Kaspar geschnäuzt hast, hab ich gefragt«, hakte Matthias unerbittlich nach und hatte dabei das Gefühl, genau ins Schwarze getroffen zu haben. Blitzschnell riss er den Duschvorhang auf, bevor Vitali antworten konnte.

»Ich hab recht, oder? Warum ziehst du sonst mitten in der Nacht dein Bett ab? Ich hab alles mitbekommen.« Matthias hüpfte schon, bevor sein Mitbewohner gestanden hatte, wie ein Verrückter durchs Badezimmer.

»Das ist nicht so, wie du denkst«, versuchte er sich zu rechtfertigen, doch Matthias ließ ihm keine Chance auf eine Erklärung, sondern wollte diese sensationelle Neuigkeit sofort verbreiten.

»Aydin«, schrie er in die Küche, wo dieser gerade versuchte, die Augen soweit zu öffnen, um die Kaffeemaschine bedienen zu können. »Unser Vitali hat sich heute Nacht den Aal abgezogen und ins Laken geschossen.«

»Mensch Matth....«, setzte Vitali an, um sich erneut zu erklären, als Aydin ins Bad gestürmt kam und plötzlich hellwach schien. Er stand vor der offenen Dusche und breitete die Arme aus, als wolle er Vitali, nackt und nass, wie er war, umarmen. Seine Augen leuchteten und ein Strahlen hatte sich in seinem Gesicht ausgebreitet.

»Alter, du bist ja doch normal«, rief Aydin seinem russischen Mitbewohner zu. »Ey, voll krass. Und ich dachte schon du hättest zu deinem Außenminister zwischen deinen Beinen auch so ein gestörtes Verhältnis, wie zu dem Staubdingsbums, mit dem du den halben Tag durch die Wohnung läufst.«

»Staubsauger«, verbesserte Vitali.

»Wie auch immer«, antwortete Aydin. »Hauptsache du bist normal.«

Vitali wusste nicht mehr was er dazu sagen sollte. Wieder einmal winkte er ab, zog den Duschvorhang wieder zu und wunderte sich, warum sich seine beiden Freunde so darüber gefreut hatten, dass er ins Laken ejakuliert hatte. Fast wie eine Mutter die ihr

Kind das erste Mal dazu gebracht hatte, sich zu melden, bevor etwas in die Hose geht. Bei genauerem Überlegen fiel Vitali auf, dass er nicht einmal das geschafft hatte. Seit er hier in der WG war, passierten sowieso ganz merkwürdige Sachen mit ihm.

Am Nachmittag nötigte Vitali seine beiden Mitbewohner dazu, die Häppchen zu richten. Erstens konnte er das mit nur einer voll funktionsfähigen Hand sowieso nicht alleine, und zweitens war das auch eine kleine Strafe für die Lästereien vom Morgen. Es bereitete ihm eine große Freude als leitender Häppchenbeauftragter die Arbeiten anzuweisen, zu kontrollieren und bei Bedarf zu kommentieren. Wie der Befehlshaber in einem Arbeitslager wanderte Vitali an der Arbeitsfläche auf und ab. Die Hände hatte er auf dem Rücker überkreuzt und seinem messerscharfen Blick entging auch wirklich gar nichts.

»Stopp«, rief Vitali, als Aydin den Paprikastreifen lieblos auf das Käsebrot gelegt hatte. »Gib dir ein bisschen mehr Mühe. Schließlich bekommen wir Gäste.«

»Ja, Mama«, antwortete Aydin, der eigentlich überhaupt keine Lust auf so etwas hatte. Verdammt noch mal, das war wirklich keine Aufgabe für einen stolzen Türken.

»Scheißendreck!«, fluchte Aydin, als ihm das frisch belegte Häppchen aus der Hand gefallen war, sich einmal gedreht hatte und natürlich voll auf dem Gesicht landete.

Und das Zeug war ja nicht mal für die Mädels. Rolihlahla und seine Freunde würden sich über das Essen hermachen, ohne auch nur im Geringsten zu realisieren, wie sehr diese niedere Tätigkeit an seiner Ehre gekratzt hatte. Doch nachdem Vitali scheinbar extrem Eindruck auf Sabine gemacht hatte, nur, weil er ein bisschen geputzt und gebügelt hatte, sah er diesen Mist plötzlich als Training der besonderen Art an. Vielleicht würde er ja irgendwann davon profitieren können, wenn er beim Häppchenrichten so richtig Bescheid wusste. Für Aydin verdichteten sich die Anzeichen, dass wohl Lena nicht die einzige war, die einen Weichspüler wollte. Bevor er dauerhaft unbefriedigt bleiben würde, wollte er wenigstens vorübergehend kleine Erniedrigungen über sich ergehen lassen, um bei der Frauenwelt Pluspunkte zu sammeln.

»Sagt mal«, setzte Aydin an, um seine Mitbewohner diesbezüglich nach ihrer Meinung zu fragen. »Gibt's eigentlich nur noch Weiber, die uns zum Hausmann machen wollen?«

»Keine Ahnung«, antwortete Matthias. »Warum?«

»Na, weil unser Vitali hier mit Schürze und Staublappen mehr Eindruck macht, als wir echten Kerle im Fitnessstudio.«

»Wenn ich mir Bine so anschaue und drüber nachdenke, was du mir über Lena erzählt hast, dann könnte man das wohl annehmen.«

»Vitali, ich glaube wir brauchen einen Lehrgang«, sagte Aydin und Vitalis Brust schien vor Stolz fast zu platzen. Zumindest bis sich Matthias zu Wort gemeldet und dem kurzeitigen Höhenflug einen senkrechten Absturz beschert hatte.

»Spinnst du?«, sagte dieser angewidert. »Ich mach mich doch wegen der Hühner nicht zum Volldeppen. Das hab ich lang genug mitgemacht. Nee, nicht mit mir. Heute ist das in Ordnung. Da machen wir ja eine richtig schöne Männerrunde. Und wenn Frauen kommen, sollen die das Grünzeug selber mitbringen.«

»Aber irgendwie scheint das ja nicht zu funktionieren«, antwortete Aydin enttäuscht, dem eine Machorolle natürlich auch deutlich lieber gewesen wäre.

»Mensch Aydin. Jetzt hast du eine Frau angesprochen, die dir nicht gleich um den Hals gefallen ist und unser männlicher Putzteufel hat gerade mal eine Frau mit seiner femininen Seite beeindruckt.«

»Was heißt jetzt dieses feminin denn schon wieder?«, fragte Aydin. »Lass doch mal die scheiß Fremdwörter weg. Damit brauchst du mir jetzt auch nicht imprägnieren wollen.«

»Weiblich«, antwortete Vitali etwas enttäuscht über die Tatsache von seinen Freunden indirekt als

Mädchen bezeichnet zu werden. Einen Kommentar zum Imprägnieren verkniffen sich beide. Auch wenn das Matthias deutlich schwerer fiel, als Vitali. Er biss sich aber auf die Zähne und wollte seinen Kumpel jetzt nicht auch noch damit ärgern. Scheinbar schien ihn das Ganze wirklich zu beschäftigen. Oder er nahm irgendwelche Drogen. Normal war das nach Matthias´ Meinung auf jeden Fall nicht, einen Lehrgang bei Vitali zu buchen. Womöglich wäre Bine noch die stellvertretende Seminarleiterin. Das ginge ja gar nicht.

»Jetzt hört mal auf damit. Nur weil es bei euch gerade nicht so rund läuft, was die Frauen angeht und ich kräftig Eindruck schinde, braucht ihr nicht beleidigend werden«, sagte nun Vitali und man konnte den Stolz diesbezüglich nicht überhören.

»Ach Vitali, nimm nicht gleich alles persönlich«, antwortete Matthias. »Von rund laufen kann man bei dir ja auch noch nicht wirklich sprechen. Und als Freund warne ich dich hiermit auch hochoffiziell und genau ein Mal vor Bine. Aydin ist mein Zeuge. Komm mir ja nicht irgendwann angerannt und heul mir die Ohren voll. Wenn sie dich erst mal in ihrer Gewalt hat, gibt es fast kein entrinnen mehr. Ich spreche da aus Erfahrung, mein Freund.«

»Ich weiß gar nicht, was du meinst. Und außerdem sind ja auch nicht alle Frauen so«, sagte Vitali und dachte dabei natürlich an seine Swetlana. Wenn er gewusst hätte, dass es Frauen wie Bine gibt, hätte er sich erst gar nicht auf so ein wildes Ding wie seine Ex-Freundin eingelassen. Viel zu lange hatte er sich als reines Lustobjekt gefühlt. Und das sollte jetzt ein für alle Mal vorbei sein.

»Swetlana hat das nie interessiert, wenn ich die Wohnung zum Glänzen gebracht habe. Die wollte immer nur Spaß haben.«

»Wie meinst du das?«, fragte Matthias und auch Aydin bekam plötzlich Ohren wie Rhabarberblätter.

»Ach, die wollte immer nur feiern gehen und auch im Bett ständig ausgefallene Sachen ausprobieren«, antwortete Vitali und winkte ab.

»Echt?«, sagten Matthias und Aydin gleichzeitig. Beide sind im selben Moment in ihrer Bewegung erstarrt und schauten mit offenem Mund zu Vitali. Aydin fiel der Paprika aus der Hand und Matthias konnte noch gar nicht fassen, was er da gerade gehört hatte.

»Ja ... echt«, bestätigte Vitali und schüttelte wegen dem extrem bescheuerten Gesichtsausdruck seiner Freunde den Kopf. Aydin schien komplett bewegungsunfähig zu sein und Matthias mutierte binnen weniger Sekunden zu einem sabbernden Etwas. Es dauerte eine Weile, bis er wieder sprechen konnte. In diesem Moment kam es den beiden vor, als ob es schon unendlich lange her gewesen war, als sie das letzte Mal eine Frau bei sich hatten.

»Ja....und?«, fragte Matthias.

»Was....und?«, stellte Vitali die Gegenfrage.

»Genau....und weiter«, forderte Aydin seinen Freund zur Fortsetzung auf.

»Wie, weiter?«, gab Vitali zurück, und wusste nicht wirklich, was die beiden von ihm wollten.

»Na, was wollte sie denn alles probieren?«, hakte Matthias nach.

»Ich glaub das will ich gar nicht erzählen. Irgendwie sind mir die Sachen peinlich. Ich hab mich da ja auch fast nie darauf eingelassen.«

»Dann erzähl die Sachen, auf die du dich nicht eingelassen hast.«

»Verdammt, ihr seid aber hartnäckig. Mir ist das voll unangenehm.«

»Jetzt mach schon. Wenn man über Dinge redet, hilft das oft sie besser zu verarbeiten«, drängte Matthias, während Aydin immer noch unverändert mit offenem Mund danebenstand. Mittlerweile unfähig auch nur ein Wort über die Lippen zu bringen.

»Ist ja gut. Aber wenn es mir zu peinlich wird, hör ich wieder auf«, gab Vitali nun doch nach und im selben Moment schnappten sich seine beiden Zuhörer einen Stuhl, setzten sich mit der Lehne nach vorne in Vitalis Richtung und starrten ihn erwartungsvoll an.

»Und ihr denkt deshalb auch wirklich nicht schlecht von mir?«, wollte sich Vitali noch einmal versichern.

Wortlos schüttelten beide den Kopf und warteten gespannt auf das, was Vitali zu erzählen hatte.

»Also gut. Einmal wollte sie zum Beispiel, dass ich sie völlig ohne Vorspiel auf dem Küchentisch liebe. So wie er war. Es stand sogar noch das Geschirr drauf. Das Essen war auch noch nicht abgeräumt. Sie wollte, dass ich alles beiseite schiebe, ihr die Kleider vom Leib reiße und sie hemmungslos hernehme. Entschuldigt den Ausdruck, den hat sie dafür benutzt. Aber das ist ja völlig abartig«, sagte Vitali und schüttelte den Kopf. Irgendwie tat es ihm wirklich gut, endlich alles rauszulassen.

»Ja, absolut«, sagte Matthias, der in Gedanken aber schon auf Swetlana und dem Küchentisch lag. Aydin dagegen konnte immer noch nicht sprechen. Er hatte Mühe seine Erregung zu verbergen.

»Genau, widerlich«, bestätigte Vitali sich selbst noch einmal. »Sogar bei Bekannten auf der Toilette wollte sie es tun. Ein anderes Mal wollte sie, dass ich sie mit Handschellen ans Bett fessle und sie richtig hart ran nehme. Oder beim Autofahren wollte sie ständig Oralverkehr. Also sie bei mir. Während ich fuhr. Aber das geht doch nicht. Da könnte ja sonst was passieren.«

»Auf keinen Fall«, kommentierte Matthias geistesabwesend und bekam mit der Zeit einen ziemlich debilen Gesichtsausdruck. Er verstand die Welt nicht mehr. Vitali war im Paradies und hat das gegen den

Apfel in Form von regelmäßiger Ablage und Motorraum aussaugen getauscht? Das konnte ja wohl nicht wahr sein.

»Ich muss aufs Klo«, sagte Aydin und verschwand blitzschnell.

»Ach genau. Und im Freien, wenn wir beim Spazierengehen an irgendeiner Stelle ankamen, die etwas versteckt lag, hatte sie gleich die wildesten Fantasien. Sie wollte es von hinten, versteckt zwischen irgendwelchen Sträuchern. Sie wollte in Waldhütten einsteigen, um es dort zu tun. In der Umkleidekabine im Kaufhaus. Am Badesee sollte ich sie im Wasser...«

»Wo wohnt deine Ex jetzt?«, sprudelte es aus Matthias heraus.

»Bei einer Freundin, glaub ich. Warum?«

»Ach, nur so.«

Matthias hatte genug gehört um zu wissen, dass es auf dieser Erde wohl wirklich einen Gott geben musste, der wusste, was Männer wollten. Und der dafür auch die passenden Frauen geschaffen hatte. Aber scheinbar nur als streng limitiertes Sondermodell Swetlana. Von diesem Moment an war ihm eines klar. Er musste diese, oder eine andere Swetlana, finden. Scheißegal wie und wo. Ab diesem Moment hatte er eine Aufgabe. Und die würde er zusammen mit seiner Lederjacke bewältigen. Er stand auf, ging zur Garderobe und nahm Kontakt mit ihr auf. Wie kurze Zeit zuvor, als sie ihm geholfen hatte sich von

Bine zu trennen. Dieses Mal würde sie ihm auch wieder helfen. Er berührte das für ihn so bedeutungsvolle Kleidungsstück mit der Handfläche und Vitali fragte sich, ob sein Freund übergeschnappt sei. Er beobachtete ihn, wie er wortlos die Lippen bewegte und den Ärmel seiner Lederjacke streichelte. Irgendwann nickte er ihr ein letztes Mal zu und verabschiedete sich.

»Hab ich noch was verpasst«, unterbrach Aydin die Stille in der Hoffnung, noch ein paar weitere Geschichten hören zu können, nachdem sich sein Innendruck wieder normalisiert hatte. Bevor Vitali antworten konnte, war Matthias wieder direkt bei ihnen.

»Nein, nur dass Vitali uns verarscht hat. Die beiden hatten nur Blümchensex und das nur ein Mal im Monat«, antwortete er mit einem leicht wahnsinnigen Gesichtsausdruck, der Vitali deutlich vermittelte, die Klappe zu halten.

»Echt jetzt?«, fragte Aydin enttäuscht.

»Echt. Oder hast du geglaubt, so eine Rakete gibt es wirklich?«, bekräftigte Matthias seine Aussage.

»Ach Mensch. Und ich hab wirklich gedacht, so was gibt's auch in echt.« Aydin machte auf der Stelle kehrt und verdrückte sich enttäusch in sein Zimmer.

»Wieso hast du das gesagt?«, fragte Vitali entsetzt.

»Überleg doch mal. Der dreht ja sonst noch völlig durch. Er hat es ja nicht einmal geschafft dir zuzuhören, ohne sich gleich seinem kleinen Freund zu widmen. Der rennt doch allen Weibern die Bude ein und kommt von einer Enttäuschung zur nächsten. Und das wollen wir doch unserem Testosteronbomber nicht antun, oder?«

»Da könntest du allerdings recht haben«, antwortete Vitali und Matthias schmiedete im Geiste schon Pläne zur Eroberung aller Swetlanas dieser Welt. Den ersten Konkurrenten hatte er schon aus dem Weg geräumt.

»Dann ist es wohl besser, ich erzähl ihm die richtig schlimmen Sachen erst gar nicht.«

»Äh, was meinst du jetzt damit? Das war noch nicht alles?«, fragte Matthias und hatte Mühe seine Zunge nicht aus dem Mund hängen zu lassen.

»Nein, noch lange nicht«, antwortete Vitali und winkte ab. »Ich hab erstmal die harmlosen Sachen erzählt, weil ich wissen wollte, wie ihr reagiert. Es hätte ja auch sein können, ihr denkt ich wäre genauso. Und das wäre mir schon richtig peinlich gewesen.«

»Stimmt, man kann ja nie wissen, mein Freund«, sagte Matthias und legte seinen Arm auf die Schulter seines Kumpels. »Wir sollten uns dringend ausgiebig unterhalten, wenn Aydin mal nicht da ist. Ich glaub es wäre wichtig für dich, das alles richtig aufzuarbeiten.«

»Mensch Matthias, du hast ja auch eine ganz andere Seite. Du bist ein wahrer Freund. Und du bist mir auch nicht mehr böse, wegen der Sache mit Bine?«

»Mit wem? Ach so, mit der. Nein, das ist schon in Ordnung.«

Wenn es nach Matthias ginge, könnte er sich Sabine gleich morgen schnappen. Zumindest, sofern er ihm irgendwie behilflich sein könnte, Swetlana kennenzulernen.

# Kapitel 13 2/2 – Tag 6 (Teil 2)

Bis zu dem Moment, an dem es an der Haustür geklingelt hatte, war Matthias damit beschäftigt gewesen sich auszumalen, was dieser Idiot von Vitali sich alles hatte entgehen lassen. Die Vorbereitungen liefen ab dem Moment, als Vitali von seinen Leiden berichtet hatte, völlig durcheinander. Aydin war immer noch am Boden zerstört, weil seine kurzzeitige Traumwelt gleich wieder in sich zusammengefallen war und Matthias konnte sich überhaupt nicht mehr konzentrieren, weil er immer daran denken musste, was wohl in der Einzeltherapie mit Vitali noch alles ans Tageslicht kommen würde. Er ertappte sich dabei, wie er den Belag der Häppchen aus Paprika, Tomaten und Gurken immer wieder in die Form von eindeutigen Phallussymbolen legte. Seine Dauererektion machte es ihm auch nicht gerade leicht, den Anweisungen des Vorbereitungskommandanten Vitali Folge zu leisten und irgendwelche Dinge quer durch die Wohnung zu tragen. Doch als die Tür aufging und Rolihlahla mit seinen Freunden davor stand, fegte dieser Anblick alle anderen Gedanken, zumindest vorübergehend, beiseite. Es war ein Anblick, den er so nicht einmal an Fasching zu Gesicht bekommen hatte.

Sandro und Alex waren wieder einmal in ihrer Ausgehuniform unterwegs. Sie sahen aus, wie das fiktive Männerpärchen einer Neuverfilmung von Matrix und dem Paten unter dem Titel „Die Matrix-Paten". An diesem Abend kam aber noch hinzu, dass Rolihlahla ebenfalls aufgebrezelt war. Und zwar in seinem Neunzigerjahre Indianerlook. Pferdeschwanz, Stiefel und voll behangen mit Indianerschmuck. Beim Anblick der Matrix-Paten mit ihrem Hobbyindianer war es Matthias leider nicht möglich, den soeben zu sich genommenen Schluck Bier im Mund zu behalten. Der Schaum sprühte durch Matthias′ Zähne wie das Wasser durch eine Rasensprenganlage. Zum Glück drückte es ihm das Bier zum Teil auch durch die Nase und nur ein kleiner Teil davon landete auf Rolihlahlas Jeanshemd.

»Hast du dich verschluckt«, fragte Rolihlahla besorgt und klopfte Matthias kräftig auf die Schulter.

»Was? Äh … ja, tschuldigung«, antwortet Matthias und wunderte sich, dass die drei offensichtlich wirklich nicht bemerkt hatten, dass er eigentlich nur furchtbar lachen musste. Dann dachte sich Matthias, dass jemand, der in diesem Aufzug zu den Nachbarn geht, eh nicht ganz knusper sein konnte. Aber das war ja egal. Das Dreigestirn um Rolihlahla hatte definitiv einen hohen Unterhaltungswert. Allein deshalb versprach der Abend ein voller Erfolg zu werden. Das gehörte definitiv zu den Dingen, die man für so einen Abend mit der Master Card nicht kaufen konnte.

»Buona Sera«, sagte Sandro, zog die pechschwarze Sonnenbrille ein Stück von der Nase und gab sich größte Mühe, so cool wie möglich zu wirken.

»Wie auch immer«, sagte Matthias. »Jetzt kommt erstmal rein.« Die Tropfen seines Gerstensaftes baumelten immer noch unter seiner Nase, was Alex dazu veranlasste, deren Bewegung mit den Augen zu verfolgen. Dabei machte er einen ziemlich debilen und abwesenden Eindruck.

»Is was, Neo?«, fragte Matthias und wischte sich endlich mit dem Handrücken über die Nase. Die Antwort wartete er gar nicht mehr ab, sondern zeigte auf die große Tüte, die Rolihlahla dabei hatte.

»Bier?«

»Sing Star«, antwortete Rolihlahla und ein gewaltiges Grinsen breitete sich unter seiner Nase aus.

»Warum?«

»Nur so, vielleicht zum Singen.«

»Dann brauchen wir mehr Bier.«

»Ich hab noch«, frohlockte Rolihlahla.

»Dann darfst du auch singen«, antwortete Matthias. Gleichzeit befürchtete er schon, dass Rolihlahla mit Sicherheit irgendwelche Liebeslieder von Celine Dion zum Besten geben würde. Irgendwie musste er sicher wieder mitteilen, dass er ja so furchtbar verliebt sei. Und das könnte bei soviel getrennten und bis in die Haarspitzen mit Testosteron vollgepumpten Männern im Vollrausch ganz schön gefährlich werden. Matthias nahm sich vor, zur Not rechtzeitig den Stecker zu ziehen und seinen Nachbarn vor sich selbst zu schützen. Wenn er allerdings so lange warten würde, bis Matthias hemmungslos besoffen war, dann war er eben selbst schuld.

Der Besuch war gerade dabei die Hälfte der Verkleidung abzulegen, als es wieder an der Haustür geklingelt hatte.

»Hast du noch jemanden eingeladen?«, fragte Vitali.

»Swetlana«, war die knappe Antwort von Matthias.

»Spinnst du?«, rief Vitali und schnappte nach Luft.

»Immer locker bleiben. War nur ein Witz. Ich hab keine Ahnung, wer das sein könnte.«

Matthias ging an die Sprechanlage.

»Wer ist da?«

»Ölaf.«

»Ölaf?«

»Ölaf!«, bestätigte dieser.

»Nu, was verschafft mir denn die Ehre?«, fragte Matthias in astreinem Sächsisch und konnte sich den kleinen Seitenhieb in Richtung seines Herkunftsbundeslandes nicht verkneifen.

»Die Fete, nu«, antwortete Ölaf. »Die vom Aerobic hat gesagt, dass hier ne Riesenfete steigt.«

»Oh Mann, na dann komm mal rein«, antwortete Matthias und rief den anderen zu, wer da gerade die Treppe heraufkam. »Das ist scheinbar genauso ne arme Sau wie du, Aydin.«

»Wie meinst du das denn jetzt«, hakte dieser nach und war sofort etwas verärgert über diese Aussage.

»Den hat die Aerobictante auch verarscht.«

»Das Dreckstück macht mich voll aggressiv, verdammte Scheiße, Alda«, fluchte Aydin und wurde wieder schmerzhaft an diese Niederlage im Kampf gegen den Samenstau erinnert.

Matthias öffnete die Wohnungstür und kam sich nun endgültig wie auf einem Faschingsball vor. Zum Glück hatte er dieses Mal nicht gerade getrunken, als Ölaf ihm gegenüberstand. Er sah aus wie John Travolta in der Extraausgabe von Saturday Night Fever für Bodybuilder. Die Schlaghose wäre ja noch erträglich gewesen, aber das bis zum Bauchnabel aufgeknöpfte Glitzerhemd, unter dem die glatt rasierte Brust zum Vorschein kam, war die modetechnische Krönung des Abends. Matthias war sich sicher, dass ihn jetzt garantiert nichts mehr überraschen würde.

»Mensch Ölaf«, sagte Matthias und versuchte mit aller Mühe ernst zu bleiben. »Jetzt hast du dich so aufgebrezelt. Ich muss dir aber leider sagen, dass die Aerobictante dich verarscht hat.«

»Wie meinst du das?«, fragte Ölaf.

»Hier ist keine große Fete. Nur sechs Kerle, die sich wohl mit an Sicherheit grenzender Wahrscheinlichkeit sinnlos besaufen werden. Und keine Weiber weit und breit. Tut mir echt leid.«

»Nu, das macht mir gar nüscht«, antwortete Ölaf.

»Und wie meinst du das jetzt?«, hakte Matthias nach.

»Ich steh eh nüscht auf Frauen. Ich tu immer nur so, nu. Ist besser fürs Geschäft im Fitnessstudio.«

»Aha«, sagte Matthias und kniff instinktiv die Arschbacken zusammen. Wider Erwarten wurde er schon Sekunden später erneut überrascht. Wenn das so weitergehen würde, müsste er wohl ernsthaft an seinem Geisteszustand zweifeln. Das war ja wie in einem schlechten Film. Er wollte gar nicht daran denken, was der liebe Gott wohl als Nächstes für ihn bereithielt. Matthias beschloss aber, das erst einmal für sich zu behalten. Vielleicht würde es ja noch ganz witzig werden, wenn Ölaf nach ein paar Bier zum Angriff überging. Und keiner außer ihm würde wissen, was wirklich hinter der kumpelhaften Umarmung des sanften Riesen steckte.

»Willst du ein Bier?«, fragte Aydin, als Ölaf ins Wohnzimmer kam.

»Eins kann ich ja trinken, nu.«

Der Abend entwickelte sich deutlich besser, als Aydin das angenommen hatte. Irgendwie besänftigte ihn die Sache, dass auch Ölaf Opfer von diesem Miststück geworden war. Wahrscheinlich war auch das der Grund, dass Aydin sich irgendwann am Abend längere Zeit mit ihm unterhalten hatte. Das wiederum zauberte Matthias ein schadenfrohes Lächeln ins Gesicht, weil er ja ein klein wenig mehr wusste, als Aydin. Er malte sich gerade aus, wie Ölaf einen Angriff auf Aydin startet, als dieser aber geradewegs auf ihn zukam, und einen merkwürdigen Gesichtsausdruck hatte.

»Wo...hicks....isn....Toilette?«, stammelte Ölaf. Matthias kam leider nicht mehr dazu, die Richtung zu zeigen. Der Gedanke, warum Ölaf vergessen hatte, wo die Toilette war, obwohl er schon mindestens fünf Mal dort war, erklärte sich im selben Moment auch ohne Worte. Ihm gingen die letzten Stunden des Abends noch einmal durch den Kopf und eine halb verdaute Mischung des Büffets auf dem Oberkörper seines Gegenübers war das Ergebnis der Analyse. An Matthias klebte Ölafs gesamter Mageninhalt.

»So genau hättest du mir jetzt aber auch nicht sagen müssen, was du von meinen Trainingsfortschritten hältst«, kommentierte Matthias die Situation und landete damit den Brüller des Abends. Selbst Vitali musste sich eingestehen, dass sein Mitbewohner schon eine ziemlich coole Sau war. Matthias schnappte sich den sächsischen Hünen und schleppte ihn ins Bad. Er setzte ihn auf die Toilette, neben der zum Glück auch das Waschbecken war. Sandro kam hinterher und fotografierte Ölaf, wie er mit dem Arsch auf der Schüssel und dem Kopf im Waschbecken hing. Daneben stand Matthias mitsamt Klamotten in der Dusche und spülte die breiige Masse von seinen Kleidern, die er direkt in der Dusche liegen ließ.

»Das muss ich sofort auf Facebook posten«, rief Sandro und rannte mit dem iPhone zu den anderen, um seinen Schnappschuss zu präsentieren. Dies sollte sich aber noch als Fehler herausstellen. Matthias war in dieser Hinsicht nämlich auch sehr kreativ.

Vitali ertrug an diesem Abend die Gefühlsduseleien von Rolihlahla schon deutlich besser. Die Begegnung mit Bine hatte ihn in dieser Hinsicht extrem gestärkt. Trotz allem hätte aber Rolihlahla besser auf seine Interpretation von Whitney Houstons Welthit „I will always love you" verzichtet.

»Das würde ich deiner Wolke aber nicht vorsingen, wenn ich du wäre«, kommentierte Matthias frisch geduscht die Szenerie.

»Hab ich schon.«

»Und sie ist wirklich bei dir geblieben?«

»Ja, warum?«

»Dann muss sie dich wirklich lieben«, sagte Matthias mit einem anerkennenden Nicken. Rolihlahla verstand nicht wirklich was sein Nachbar damit meinte, schob es auf den übertriebenen Bier- konsum und verbuchte es einfach als Kompliment.

»Danke!«

Jetzt war es Matthias, der dumm aus der Wäsche schaute. Irgendwie schaffte es Rolihlahla immer wieder, seine Gesprächspartner völlig aus dem Konzept zu bringen.

Plötzlich kam auch Ölaf wieder aus dem Bad und sah sogar etwas erholt aus. Er schien außerdem schon wieder vergessen zu haben, dass er kurz zuvor einen massiven Schwächeanfall gehabt hatte.

»So, jetzt bin ich dran, nu«, sagte Ölaf.

»Mit was bist du dran«, fragte Alex, der schon die nächste Facebook Story roch, die sein Kumpel Sandro posten könnte. Sofern er wieder wach werden würde. Der war mittlerweile, zusammen mit seinem iPhone, auf der Couch eingeschlafen.

»Mit Singen, nu«, sagte Ölaf und hängte noch einen ausgiebigen Hickser dran. Ohne zu fragen wählte Matthias Staying Alive aus und der Muskelberg aus Sachsen gab alles. Er traf keinen Ton und räumte mit einer Handbewegung den Tisch ab, als er unerklärlicherweise in die Knie gegangen war. Jetzt machte sich sogar Matthias etwas sorgen um die Wohnungseinrichtung. Vitali war schon am Rande eines Nervenzusammenbruchs und verzog sich während Ölafs Performance aus dem Wohnzimmer. Dieser erlitt direkt nach seinem kurzfristigen Erwachen aus dem Koma und der körperlichen Höchstleistung mit dem Sing Star Mikrofon einen Totalausfall. Das Lied war aus, das Mikrofon fiel auf den Boden und Ölaf schlug direkt neben Sandro und seinem iPhone auf der Couch ein. Die beiden kuschelten sich so schön aneinander, dass Matthias keine andere Wahl hatte, als sich Sandros Handy zu schnappen. Zuerst löschte er wieder das Bild von Ölaf, bei dem auch Matthias in der Dusche zu sehen war aus Sandros Facebook-Profil. Dann fotografierte er die beiden, nachdem er Ölafs Arm um Sandro gelegt hatte, speicherte es als neues Profilbild und änderte Sandros Status auf „ist in einer Beziehung".

Eine kleine Strafe musste einfach sein. Matthias ließ seinen Blick durch die Wohnung schweifen und stellte fest, dass er plötzlich der einzige war, der noch wach war. Aydin lag etwa an der gleichen Stelle wie in der ersten Nacht, in der er bei Matthias übernachtet hatte. Rolihlahla hing über der Couchlehne wie Sid aus Ice Age über dem Stein. Sandro und Ölaf lagen immer noch unverändert nebeneinander und Vitali war erst gar nicht mehr aus seinem Zimmer gekommen, nachdem er vor der Tanzmaschine Ölaf geflüchtet war. Nur Alex war nicht mehr zu sehen.

»Ist der jetzt mit seinem Matrixmantel nach Hause geflogen, oder was?«, sagte Matthias leise vor sich hin. Die Frage erübrigte sich, als Matthias vor dem Zubettgehen noch auf die Toilette wollte. Dort saß Alex in derselben Position wie Ölaf kurze Zeit zuvor. Zwar ohne sich seines Mageninhaltes entledigt zu haben, aber mit runtergelassener Hose. Matthias entschied sich spontan gegen den Ausflug ins Altenpfleger-gewerbe und für die Dusche als adäquate Notfallalter-native zur Verrichtung seiner Notdurft. Alex ließ er so sitzen, wie er war und um das Chaos in der Wohnung würde sich am nächsten Morgen Vitali bestimmt mit allergrößter Freude kümmern. Beim Zubettgehen riskierte Matthias noch einen Blick in das Zimmer seines pedantischen Mitbewohners. Er wollte noch ein Foto machen, da dieser heute mit Sicherheit auch nicht ordentlich zu Bett gegangen war. Doch Vitali hatte es auch in stark alkoholisiertem Zustand ge-schafft, seine Klamotten auf DIN A4 Größe zu falten und die Decke genau im rechten Winkel zur Wand über sich zu legen.

»Das gibt's doch gar nicht«, flüsterte Mattias mit einem Grinsen vor sich hin. Er war dank der un-freiwilligen Dusche wieder ziemlich klar im Kopf und hegte erste Zweifel, ob er dauerhaft diesen Lebensstil überleben würde.

# Kapitel 14 – Tag 7

Nach einer Woche Männer WG und einer rein männlichen Einweihungsfete stand Matthias morgens als erster im Wohnzimmer und zog Bilanz.

»Ich hätte definitiv mehr trinken sollen«, sagte er zu sich selbst. Denn dann wäre Vitali sicher schon aufgestanden gewesen und hätte den Besen geschwungen. Er war sich nicht sicher, ob er wirklich selbst anfangen sollte aufzuräumen, oder ob er sich lieber totstellen sollte, bis Vitali wieder unter den Lebenden war. Doch das alleine war es nicht. Auch wenn er es sich ungern eingestehen wollte, fehlte ihm die Frau an seiner Seite. Er wollte zwar Bine auf keinen Fall zurück, aber irgendeine Swetlana, so wie Vitali sie beschrieben hatte, wäre schon nicht schlecht gewesen. Trotzdem wurmte es ihn immer noch, dass Bine so unverblümt Sympathien für seinen Mitbewohner entwickelt hatte.

»Nur weil er bügeln kann«, nörgelte er leise vor sich hin. Es war zwar extrem unwahrscheinlich, dass es andersrum, also bei Swetlana und ihm, genauso sein würde wie bei Vitali und Bine. Und vor allem hatte er ja noch nicht einmal ein Foto von ihr gesehen. Doch eigentlich konnte sie gar nicht schlecht aussehen, bei dem, was Vitali erzählt hatte. Zumindest war das seine Wunschvorstellung, mit der er sich an den Tisch setzte und vorsichtshalber erst einmal gar nichts machte, bevor Vitali aus seinem Schlafzimmer gekrochen kam. Nicht, dass er beim Aufräumen noch irgendwas falsch machen würde. Als nach zehn Minuten hinter Vitalis Tür immer noch nichts zu hören war, fing Matthias an, kleine Gegenstände dagegen zu werfen. Kronkorken erwiesen sich als effektivstes Mittel, da sie am lautesten abprallten. Abgesehen von Gläsern natürlich. Aber Matthias wollte Vitali nicht auch noch zumuten, die Scherben wegfegen zu müssen. Aydin war scheinbar völlig immun gegen alle Geräusche und Tageslicht, wenn er sich einen hinter die Binde gekippt hatte. Er lag immer noch unverändert auf dem Teppichboden und bei ihm zeigten auch die Kronkorken nicht die geringste Wirkung. Matthias fragte sich, warum er eigentlich ein Bett brauchte. Rolihlahla und seine Freunde haben sich scheinbar unbemerkt aus dem Staub gemacht und Ölaf war auch nicht mehr zu sehen. Selbst Alex war verschwunden. Der war wahrscheinlich irgendwann nachts vom Toilettensitz gefallen.

»Was machst du da?«, sagte Vitali völlig verschlafen, als er endlich aus dem Zimmer kam.

»Ich sitze hier«, antwortete Matthias.

»Und was klopft immer an meine Tür?«

»Ich weiß nicht, wovon du sprichst«, sagte Matthias und setzte eine übertrieben unschuldige Miene auf.

Beidhändiges Abwinken war mittlerweile zu Vitalis typischer Handbewegung geworden. Diese Geste war vielseitig und in ihrer WG vor allem ständig einsetzbar.

»Oh Mann brummt mir der Schädel«, stöhnte Vitali.

»Ich dachte du hast gar nicht so viel getrunken«, antwortete Matthias und wunderte sich ernsthaft über das zügellose Verhalten seines Mitbewohners. Das gab es nicht oft. In der Regel schaffte es Vitali sogar in den prekärsten Situationen, die Contenance zu bewahren. Gestern wohl eher nicht.

»Was glaubst du, wie man sonst die pausenlosen Lobgesänge auf Wolke ertragen soll? Ich hab auch keine Ahnung, warum er das immer mir erzählt«, fragte sich Vitali und zog es vor, Matthias nichts davon zu sagen, dass neben dem Alkohol auch Sabines Sympathien ihm den Umgang mit Rolihlahlas Lovestory erheblich erleichtert hatten.

»Unser Nesthäkchen hat sich auch wieder extrem die Lichter ausgeschossen«, kommentierte Matthias die nach wie vor unveränderte Position von Aydin auf dem Teppichboden. Eigentlich hätte er gar keine Luft mehr bekommen dürfen, so wie seine Nase in den Teppich gedrückt war. Matthias amüsierte sich bei dem Gedanken, dass Aydin nach dieser Nacht sicher seinen Staubsaugerbeutel in der Nase wechseln musste.

»Sieht so aus«, sagte Vitali. »Aber heute kommt der mir auch nicht ums Aufräumen herum.«

»Genau«, bestätigte Matthias und reckte beide Daumen mit einem breiten Lachen nach oben.

»Und du genauso wenig, mein Lieber«, ergänzte Vitali drohend, was Matthias zu einer abwehrenden Handbewegung und einem direkt angeschlossenen, widerwilligen Nicken veranlasste. An diesem Morgen war es selbst Vitali zu viel, den ganzen Dreck alleine wegzuräumen.

Erst jetzt wurde sichtbar, dass Ölaf nicht nur Matthias, sondern auch den Fußboden getroffen hatte, als er seinen Mageninhalt oral entleert hatte. Der Aufstrich, bestehend aus Frischkäse, Paprika und Tomatenstückchen, den Vitali liebevoll auf die Häppchen aufgetragen hatte, fand sich überall auf der Couch wieder. Teilweise mit Abdrücken verschiedener Jeanshosen darauf. Die Wasser-, Bier- und auch die undefinierbaren Flecken waren nicht mehr zählbar und das irgendjemand die große Zimmerpflanze mit Nudelsalat gefüttert hatte, war sogar Vitali entgangen.

»Zu dritt werden wir das schon schaffen«, redet sich Vitali selbst Mut zu. »Wenn ihr macht was ich sage, haben wir die Bude in drei bis vier Stunden locker wieder sauber gemacht.«

»Oh je«, sagte Matthias niedergeschlagen. »Ich befürchte ich hab die Nacht doch nicht überlebt und bin in der Hölle gelandet.«

Nach einer weiteren typischen Handbewegung von Vitali fing Matthias an, alles, was auf dem Tisch herumlag, auf Aydin zu werfen, bis sich auch dieser mit undefinierbaren Geräuschen, wieder unter die Lebenden zurückarbeitete. Schon wieder hatte er den Abdruck des Teppichs auf der einen Gesichtshälfte. Es war zwar fast unerklärlich, aber irgendwie schien er seinen Totalausfall ohne größere Nachwehen überlebt zu haben.

»Moin«, sagte er und lief an den anderen vorbei zum Bad, als ob nichts gewesen wäre.

»Drogen?«, fragte Matthias.

»Nein danke«, antwortete Vitali. »Aber Aydin muss heimlich welche genommen haben. Oder er überspielt seinen Zustand gut und will den Coolen markieren.«

»Macht er doch sonst nie«, antwortete Matthias und schüttelte grinsend den Kopf. Kaum hatte er ausgesprochen, konnte man Aydin aus dem Bad die Kloschüssel anschreien hören. Bei genauerem Hinhören war der Name „Jööööööööörg" zu erkennen. So hatte er die Schüssel auch schon mehrfach genannt.

»Aha, er unterhält sich wieder einmal mit Jörg«, ergänzte Matthias.

»Dann ist ja doch alles normal«, antwortete Vitali und setzte Kaffee auf. Matthias hatte schon befürchtet, sein Freund würde sich noch länger gegen seinen angeborenen Tatendrang zur Wehr setzen. Komischerweise verzichtete er sogar darauf, sich angewidert über Aydins Morgentoilette zu äußern.

Allerdings bekamen weder Matthias noch Aydin die Möglichkeit, den Tag auf dem Sofa zu verbringen. Reinigungsfachkraft und Drillinstructor Vitali legte heute besonderen Wert auf eine gründliche Reinigung. Gut, seine beiden Mitbewohner hielten ihm zugute, dass er eine verletzte Hand hatte. Trotzdem hätte er sie netterweise ein wenig schonen können. Schließlich hatten sie eine harte Party und eine kurze Nacht hinter sich. Eine kleine Belohnung wollte sich Matthias dann aber selbst gönnen und tippte Vitali auf die Schulter.

»Sag mal«, fing er an und stockte kurz, bevor er weiter sprach. »Hast du eigentlich ein Foto von deiner Swetlana im Geldbeutel?«

»Ja, warum?«

»Ach, ich würde einfach mal gerne die Frau sehen, die dir so schlimme Dinge angetan hat. Nur damit ich bescheid weiß, wenn mir das Monster irgendwo über den Weg läuft.«

»Ach so. Und ich dachte schon, dir hat gefallen, was ich euch über sie erzählt habe.«

»Was? Niemals«, antwortete Matthias und konnte es kaum erwarten, endlich das Gesicht der Sexgöttin zu sehen. Aydin war zum Glück schon wieder eingeschlafen und wachte auch den Rest des Abends nicht mehr auf. Bei ihm reichte der Rausch von gestern wohl für zwei komplette Tage. Und das war auch gut so. Er sollte ja schließlich nicht mitbekommen, dass er nach Swetlana gefragt hatte. Einen Nebenbuhler konnte er bei seiner Mission definitiv nicht brauchen.

»Hier«, sagte Vitali. »In mancher Hinsicht ist sie, wie gesagt, etwas gestört, aber sie hatte auch ihre guten Seiten. Sie ist eben noch jung und hat jede Menge Flausen im Kopf. Und die Klamotten trägt sie manchmal wie ein Teenager. Siehst du ja auf dem Bild.«

Matthias betrachtete das Foto und ihm wurde ganz warm ums Herz. Für seine Begriffe war Swetlana eine richtige Rakete. Sie war seitlich zu sehen und ihre Jeans war genau an der richtigen Stelle, am Übergang zwischen Pobacke und Schenkel, eingerissen. Darüber hatte sie ein bauchfreies Top an. Matthias konnte nicht verstehen was für ein Idiot sein Mitbewohner gewesen sein musste.

»Sie hätte vielleicht etwas mehr von deiner Sabine haben sollen«, sagte Vitali und schien schon wieder etwas verträumt.

Matthias revidierte den Idioten und stellte fest, dass Vitali ein absoluter und riesengroßer Vollidiot gewesen sein musste. Und, dass er scheinbar nichts dazugelernt hatte. Er war doch tatsächlich der

Meinung, dass ein Zusammenleben mit Sabine wirklich möglich war. Naja, wenn es einer schaffen würde, dann vielleicht wirklich sein Freund Vitali. Die beiden hätten vielleicht wirklich richtig Spaß daran, keinen Spaß zu haben. Schon wieder kamen Matthias die schrecklichen Bilder der Staubsaugerspiele in den Kopf und er versuchte, diese sofort gegen Bilder von Swetlana auf der Küchentheke auszutauschen. Die Bilder, die Matthias zur Seite geschoben hatte, übertrugen sich in abgeschwächter Form scheinbar via Bluetooth auf Vitali. Sabine erschien ihm wieder im Putzfrauenkostüm und die Putzorgie in Vitalis Kopfkino startete eine neue Episode.

Dies war der erste Tag in der Männer WG, der ohne ein Gutenachtbier geendet hatte und trotzdem waren alle zufrieden eingeschlafen.

# Kapitel 15 ½ – Tag 8 (Teil 1)

Es war Montag und wieder einmal Training angesagt. Selbst Vitali verspürte trotz seiner verletzten Hand das Bedürfnis, sich ebenfalls etwas sportlich zu betätigen. Da unsere drei Helden aus der WG im Feiern deutlich mehr drauf hatten, als beim Hantelstemmen, sahen sie, im Gegensatz zu Ölaf, schon wieder recht frisch aus. So wie er die Augen zusammenpresste, war die Beleuchtung eindeutig zu hell für seinen momentanen körperlichen Gesamtzustand. Vor allem für den oberhalb des Kinns. Bei näherem Betrachten und mit den Informationen, die Matthias am Wochenende hatte sammeln können, sah Ölaf gar nicht mehr so männlich aus, wie es im ersten Moment aufgrund seiner Muskelberge schien. Seine Handbewegungen erschienen zeitweise recht feminin und auch, wenn er seinen extrem sächsischer Dialekt einigermaßen verdeckte, klang seine Stimme irgendwie etwas wärmer. Aber trotz allem war Matthias der Ölaf, den er am Wochenende kennengelernt hatte, deutlich lieber, als die durchtrainierte Muskelmaschine aus dem Fitnesscenter. Im Augenwinkel konnte er die Aerobictussi mit ihren Gleichgesinnten tuscheln sehen, und stellte fest, dass auch sie Angriffsfläche besaß. Irgendwie verspürte er den Wunsch ihr mal eben auf die Schnelle eins reinzuwürgen. Er hatte zwar nicht unter ihr gelitten, aber es juckte ihn extrem in den Fingern, auf ihre Kosten einen Lacher für seine Freunde zu erzielen. Nur so als kleiner Ausgleich. So wie sie hier herumstolzierte, hatte sie es auch definitiv verdient, verbal eins auf die Mütze zu bekommen. Zumindest sah das Matthias so. Und wenn er sich erst einmal etwas in den Kopf gesetzt hatte, dann setzte sich ein Automatismus in Gang, den er nicht mehr aufhalten konnte. Vor allem wollte er das auch gar nicht. Er wartete einen Moment ab, in dem sie ganz unverhohlen in ihre Richtung schaute und unübersehbar einen Witz über Ölaf riss.

»Hey!«, rief er in ihre Richtung, sodass es das ganze Studio hören konnte. »Hast du zu Hause nicht etwas vergessen?«

»Meinst du mich?«, fragte sie erschrocken und völlig überrascht, wie so ein Trainingsneuling es überhaupt wagen konnte, sie anzusprechen. Vor allem, nachdem sie seinem Kumpel in der letzten Woche erst eine verbale Breitseite verpasst hatte. Nervös schaute sie sich um und versuchte aber sich nichts anmerken zu lassen.

»Klar mein ich dich. Soweit ich sehen kann, haben alle anderen Frauen hier alles dabei«, antwortete er mit einem diebischen Grinsen und konnte es kaum mehr erwarten, seine Pointe endlich zu setzen. Der Witz lag ihm schon so oft auf den Lippen, aber solange er mit Bine zusammen war, hatte er sich nie getraut so etwas laut zu sagen. Und jetzt musste es einfach mal raus.

»Ich weiß nicht, was du meinst«, sagte sie und hob ihre Nase noch ein kleines Stückchen höher, als sie es eh schon tat. Sie war es nicht gewohnt auf diese Weise angesprochen zu werden. In der Regel war sie es, die hier im Fitnessstudio mit ihren Kommentaren ihre Opfer in Angst und Schrecken versetzte. Unzählige zu klein geratene, etwas zu dicke oder einfach nur auf irgendeine Weise benachteiligte Männer, mussten schon mehr als genug Gemeinheiten über sich ergehen lassen. Zumindest glaubte Matthias sich daran erinnern zu können, dass Ölaf irgendetwas in dieser Art am Wochenende erzählt hatte.

»Na deine Brüste. Du hast doch deine Brüste zu Hause vergessen«, rief er ihr in voller Lautstärke entgegen. »Steht dir nicht wirklich. Ich würde sie an deiner Stelle in Zukunft lieber mitbringen. Ich hab es zwar noch nicht gesehen, aber das kommt bestimmt besser!«

Sie wollte zu einem Gegenschlag ansetzen, doch bevor sie ihre Stimme wiedergefunden hatte, war das Gelächter im ganzen Raum so groß, dass sie nur noch geduckt und mit feuerrotem Gesicht den Rückzug antreten konnte. Von diesem Moment an war Matthias der Held des Studios. Matthias hatte sich richtig an Ölafs Aussage erinnert und er wurde im

Handumdrehen, für all diejenigen, die unter ihr schon gelitten hatten, zum Held des Fitnesscenters. Matthias war zu ihrem lebenden Märtyrer geworden und genoss trotz zweifelhafter Trainingsmethoden und ohne erkennbare Fortschritte, fortan einen Sonderstatus. Es ging sogar soweit, dass die Aerobictussi ihren Job, unter dem Vorwand ein deutlich besseres Angebot erhalten zu haben, hingeschmissen hatte.

»Du bist echt ne coole Sau«, sagte Aydin mit nicht zu überhörendem Neid in der Stimme. Zu gerne hätte er auch immer im richtigen Moment den passenden Satz parat. Aber er war eben anders. Und wer war schuld? Das Weichei von seinem Vater natürlich.

»Das stimmt, nu«, bestätigte Ölaf, der sich aber gleich danach aus Rücksicht auf seine Anstellung als Trainer, von dem Brandherd der Lästereien, erst einmal entfernt hatte. Innerlich genoss er die Situation und freute sich schon auf das Gesicht seiner Kollegin, wenn er sie das nächste Mal sehen würde.

Nur Vitali wurde etwas von seinem Gewissen geplagt. Er verzichtete aber auf einen Kommentar und verhielt sich einfach ruhig, bis sich die erste Aufregung gelegt hatte. An der Theke wurde auf Eiweißdrinks verzichtet und zur Feier des Tages der einzige Kasten Hefeweizen, der im Studio schon lange das Verfallsdatum überschritten hatte, in Windeseile vernichtet. Matthias musste nicht einmal die selbst getrunkenen Biere bezahlen, sondern bekam diese immer mit einem Augenzwinkern und nach oben gestrecktem Daumen vom Thekenpersonal zugeschoben.

»Das hat die schon lange mal verdient«, sagte die Dame hinter dem Tresen anerkennend, die ganz offensichtlich nichts vergessen hatte. Als ob sie Matthias´ Gedanken hätte lesen können, hob sie merklich ihre Brust und er kam nicht umhin, ihr direkt in den beeindruckenden Ausschnitt zu starren.

»Kann die eigentlich überhaupt jemand leiden?«, fragte Vitali und empfand wohl als einziger Mitleid mit ihr.

»Außer ihre Jünger, die wie Hündchen hinter ihr herlaufen?«, stellte sich Ölaf selbst die Frage, die er auch kurz darauf beantwortete. Er konnte dabei seine feminine Ader nicht mehr verbergen, als er seinen darauffolgenden Kommentar mit einem Abwinken verstärkte. »Ich glaube nicht.«

Plötzlich meldete sich Wolfgang zu Wort, der wegen seiner Leidenschaft für das Radfahren von allen nur Wolfgang Zwölfgang genannt wurde. Eigentlich machte er kaum etwas anderes, als im Fitnessstudio zu trainieren oder Fahrrad zu fahren. Sein Handicap war dabei aber, dass er vom Trainieren immer breiter wurde, und sein Carbon-Rennrad Mühe hatte, nicht unter seinem Gewicht zusammenzubrechen. Wolfgang Zwölfgang hatte sich irgendwann selbst zum coolsten Hecht des Studios ernannt. Was ziemlich beeindruckend war, denn er brachte sprachlich oft nur über Umwege heraus, was er seiner Umwelt mitteilen wollte. Das, kombiniert mit dem partiellen Verschlucken einzelner Buchstaben, ergab oft eine ganz eigene Mischung aus Komik und Coolness.

»Brauchs gar net meine, dass jetzt de Held bist, nur weil Aerobic Tussi platt gemacht hast.«

Matthias war etwas überrascht, hatte aber schon vom Chefbodybuilder und der Rennradrakete gehört. Auch wenn dieser mehrere Quadratmeter potenzielle Angriffsfläche bot, war er auf seine ganz eigene Art viel zu nett, als dass man sich über ihn lustig machen wollte. Zumindest nicht allzu sehr.

»Keine Angst«, antwortete er. »Ich weiß doch, dass du der Chef im Ring bist, Wolfgang. Ich will dir auf keinen Fall Konkurrenz machen.«

»Genau, wollte auch nur schwind Bescheid sage. Weiß schon wie Hase läuft«, fügte Wolfgang Zwölf-gang hinzu und wollte damit zum Ausdruck bringen, dass er schon öfter Anwärter auf seinen Titel „Coolste Sau im Fitnessstudio" in die Flucht geschlagen hatte. Solche Leute erkannte er immer sofort.

»Psst«, flüsterte nun Ölaf in Matthias´ Ohr. »Der ist eigentlich ganz in Ordnung, nu. Ich war schon mal mit ihm unterwegs, das war ein Heidenspaß.«

Zu seiner Verwunderung schaffte es Ölaf im Flüstermodus, mal abgesehen vom „nu", sein Sächsisch fast zu verdrängen. Die Vorstellung von

Ölaf und Wolfgang Zwölfgang im Doppelpack, trieb Matthias sofort ein breites Grinsen ins Gesicht. Das wollte er zumindest einmal erlebt haben. Vielleicht könnte das sogar Rolihlahla und seine Freunde noch übertreffen.

»Ja Mensch. Dann bring ihn doch mal mit. Wir können ja mal wieder alle zusammen was unternehmen. Wird bestimmt lustig«

»Nu klar«, antwortete Ölaf.

Matthias freute sich schon jetzt auf das erste Date mit den zwei Fitnessboliden auf einem Haufen. Und umso länger der Umtrunk an der Fitnesstheke dauerte, desto sicherer war er sich dabei. Wolfgang Zwölfgang ernährte sich in der Regel ausschließlich von protein- und kohlehydrathaltigen Produkten. Diese hatten den entschiedenen Nachteil von ziemlich übel riechendem Analhusten, den er zu fortgeschrittener Stunde überhaupt nicht mehr unter Kontrolle zu haben schien. Alkohol hatte normalerweise gar nichts auf seinem Speiseplan zu suchen und so war es nicht verwunderlich, dass er ziemlich schnell rotzbesoffen war, nachdem er sich von Matthias zu einem Hefeweizen hatte überreden lassen. Matthias faselte irgendwas von isotonischem Getränk und Wolfgang konnte sich wage an die Erdingerwerbung aus dem Fernsehen erinnern. Nur war das eben die alkoholfreie Variante gewesen.

Irgendwann fing Wolfgang an, wild zu posen. Er zeigte was er hatte und schob die Ärmel seines Trainingsshirts nach hinten, um seinen dicken Bizeps zu zeigen. Das Thekenpersonal reagierte sofort und legte „You can leave your hat on" in den CD-Player und Wolfgang war nicht mehr zu halten. Nach und nach warf er seine Kleidungsstücke mit Schwung in die (kleine) Menge, die ihn lauthals anfeuerte. Gerade als er Matthias wie eine Feder hochgehoben hatte, und ihn wie einen Helden durch den Vorraum des Fitnesscenters trug, kam dessen Opfer gerade aus der Umkleidekabine und wollte eigentlich ungesehen das Studio verlassen. Doch wegen des lauten Gegröles musste sie instinktiv in dessen Richtung schauen. Genau in dem Moment sah auch Matthias zu ihr hin und reckte provozierend beide Daumen in die Höhe und zwinkerte ihr zu. Es war Arroganz in Perfektion, als sie ihren Kopf völlig abfällig auf die Seite warf und die Nase immer noch ganz nach oben reckte.

»Ja, die kommt wohl nicht mehr so schnell in meine Nähe«, sagte er zu sich selbst und fragte sich gleichzeitig, ob der Muskelberg unter ihm eigentlich irgendwann vorhatte, ihn wieder auf sicherem Boden abzusetzen. Nachdem er Wolfgangs Tanzeinlage wider erwarten lebend und ohne bleibende Schäden überstanden hatte, gingen die Gesänge unter der Dusche gerade so weiter. Lediglich Vitali musste mit dem Waschbecken vorlieb nehmen, weil er mit seiner verletzten Hand unmöglich duschen konnte. Der Rest der Truppe hatte selbst dabei einen riesen Spaß und zur Krönung des Abends gab Matthias seine Klatschtechnik preis. Irgendwann standen alle Männer unter der Dusche und hauten sich, mehr oder weniger erfolgreich, ihren kleinen Freund an den Bauch und vergaben Wertungspunkte. Endlich konnte Aydin zeigen, was er sich durch intensives Training angeeignet hatte und machte seinem Mitbewohner fast noch die Trophäe des besten Eumelklatschers streitig.

# Kapitel 15 2/2 – Tag 8 (Teil 2)

Trotz mehrfachen Drängens seitens seiner Mitbewohner konnte sich Vitali nicht mehr aufraffen, diesen Abend zusammen mit Ölaf und Wolfgang Zwölfgang gemütlich in einer Kneipe ausklingen zu lassen. Für ihn war der Abend aufregend genug gewesen und irgendwie steckte ihm immer noch die Einweihungsfete etwas in den Knochen.

Der Rest der Truppe bestand noch aus Matthias, Aydin, Ölaf und der liebenswerten Kampfmaschine Wolfgang Zwölfgang. Eigentlich hatte sich Matthias ja auf eine Konstellation zusammen mit Rolihlahla und seinen modebewussten Freunden gefreut, aber fürs Erste würde es mit Sicherheit auch so ganz witzig werden. Doch anstelle des obligatorischen Kneipenbesuchs hatte Aydin eine richtig gute Idee, um den Abend ausnahmsweise ohne noch mehr Alkohol ausklingen zu lassen. Er hatte vorgeschlagen auf die Kartbahn zu gehen, was sofort auf allgemeine Zustimmung gestoßen war. Der verletzte Vitali, auf den man eventuell hätte Rücksicht nehmen müssen, war sowieso nicht mehr dabei.

Sie kamen gerade noch rechtzeitig, um eine eigentlich zu kleine Gruppe von Frauen zu vervollständigen.

Die Damen hatten den Parcours gemietet und wollten ursprünglich zu elft ein Rennen fahren. Leider waren drei der Teilnehmerinnen ausgefallen und so musste die rein weibliche Gruppe wohl oder übel noch die Teilnahme von anderen Fahrern akzeptieren. Auch wenn sie, zumindest dem Gesichtsausdruck nach zu urteilen, darüber ganz offensichtlich nicht sehr erfreut waren. Bei der Gruppe handelte es sich um die Hammerwurfabteilung des hiesigen Leichtathletikverbandes. Wobei der Begriff Leichtathletik, bei diesen nicht gerade zierlichen Körperbauten der Sportlerinnen, nicht wirklich passend war. Das alles hätte ja eigentlich gar keine besondere Bewandtnis für Ölaf, Wolfgang, Aydin und Matthias gehabt, doch durch die ausnahmslos kräftig gebauten Frauen, waren leider schon alle großen Rennanzüge vergeben. Es glich einem seltenen Naturschauspiel, den Fitnessboliden Wolfgang dabei zu beobachten, wie er sich in den viel zu kleinen Anzug quetschte. Bei Ölaf wurde es zwar auch eng, aber Wolfgang war noch eine ganze Kante breiter als er und sah aus wie ein Stück Presswurst, nachdem er sich endlich in den Anzug hineingezwängt hatte. Obwohl sich sogar Matthias einen Kommentar verkniffen hatte, weil er mittlerweile wusste, dass Wolfgangs Verständnis für Spaß nicht ganz so stark ausgeprägt war und bestimmte Äußerungen sofortigen Erklärungsbedarf erforderten, kam Wolfgang um einen Spaß auf seine Kosten nicht herum. Zu seinem besonderen Leidwesen kam der auch noch von einer der proteingeschwängerten Schwerathletinnen, die in einem Rennanzug seiner Größe steckte. Was die anderen nicht wussten, war, dass die beiden sich bereits aus einem Fitnessstudio kannten, in dem sie vor Jahren gemeinsam trainiert hatten. Wolfgang hatte es aber, in der Hoffnung nicht erkannt zu werden, vermieden sie zu grüßen, weil sich unter ihrer recht grob erscheinenden Schale eine extrem intelligente und wortgewandte Rhetorikerin versteckte. Da Wolfgang leider nicht einmal wusste, wie man Rhetorikerin schrieb, hatte er in verbalen Auseinandersetzungen mit ihr, in früheren Tagen zumindest, immer den Kürzeren gezogen. Leider hatte er sich, trotz des Wissens permanent unterlegen zu sein, immer wieder von ihr provozieren lassen. So auch dieses Mal. Allerdings war er inzwischen, auf seine ganz eigene Art und Weise, verbal etwas besser aufgestellt als noch vor ein paar Jahren.

»Na, Wolfgang?«, fragte die zu fleischgewordene Interpretation des Mannweibs. »Klamotten wieder zu eng?«

»Nee. Passt!«, sagte Wolfgang zwar energisch, aber immerhin noch mit kontrollierter Stimme. Wäre der nächste Satz nicht noch hinzugekommen, wäre er sicher glimpflich aus der Sache herausgekommen, hätte seinen im Gegensatz zum Rennanzug viel zu großen Helm aufgesetzt und hätte das Miststück auf dem Kurs einfach in Grund und Boden gefahren.

»Na dann. Dein Helm hat bestimmt genug Platz. So viel Hirn muss er ja nicht schützen«, legte sie erbarmungslos nach, als ob sie gewusst hätte, wie viel Spiel sein Helm in Wirklichkeit auch hatte.

»Hey, brauchs net meine, nur weil den Männeranzug bekommen hast, kannst hier dicke Lippe riskieren«, setzte Wolfgang, für seine Verhältnisse extrem redegewandt, nach. Normalerweise hätte er in ihrer Gegenwart sofort ein Dutzend Schimpfwörter völlig wirkungslos verbraten. Und ein klein bisschen hat der Spruch und die ungewollte Anspielung von Wolfgang auf ihre kräftige Statur, ihr sogar den Wind aus den Segeln genommen. Ziemlich genervt fügte er dann noch hinzu: »Auf Rennbahn werde ich dir schon zeigen, wie Hase läuft.«

»Nu, jetzt lass dich mal nicht provozieren«, flüsterte Ölaf ihm ins Ohr, in der Hoffnung, eine weitere Auseinandersetzung verhindern zu können.

»Ne, heute lass ich mich net produzieren«, antwortete Wolfgang leise. Aydin hatte es gehört und wunderte sich, dass es scheinbar auch Deutschen passierte, die Wörter zu verwechseln. Dabei war Wolfgang nicht einmal richtig in Rage.

»Falls du ins Kart passt, kannst du das gerne versuchen«, kam als Gegenschlag zurück. Matthias fragte sich zwar, ob diese Frau keinen Spiegel hatte, weil sie sich anmaßte, andere auf ihre Statur anzusprechen, aber er verkniff sich weiterhin einen Kommentar, auch, wenn es ihm furchtbar schwer gefallen war. Da musste Wolfgang ganz alleine durch.

»Vorsicht«, sagte Wolfgang, hob mahnend den Zeigefinger und spielte mit seiner nachfolgenden Bemerkung völlig unverständlich für die anderen darauf an, dass er schließlich wusste, dass sie ihn nur reizen wollte. »Weiß schon, um was sich's dreht.«

Glücklicherweise löste der Aufruf zum Rennen die angespannte Situation auf. Die Rennfahrer machten sich auf, um das ihnen zugewiesene Kart zu finden und sich auf den Start vorzubereiten. Dummerweise hatte Wolfgang wirklich ernsthafte Probleme sein breites Kreuz im Schalensitz unterzubringen und erntete von der Frauenfraktion tosenden Beifall, als er sich endlich halbwegs in den Sitz gepresst hatte.

»Braucht net meine, nur weil eure fetten Ärsche in den Sitz gepasst haben, dass ihr hier Späßchen machen könnt«, kommentierte Wolfgang den Applaus und saß nach wie vor ziemlich nach vorne gebeugt in seinem Kart. Aber er ließ sich nichts anmerken und wartete gespannt auf das Startsignal, um den dicken Weibern endlich zu zeigen „wie Hase läuft".

»Fängt der eigentlich jeden Satz mit „brauchs net meine" an?«, fragte Matthias Ölaf.

»So ziemlich, nu«, antwortete Ölaf und fügte direkt hinzu, dass er aber trotzdem ganz in Ordnung sei.

»Das weiß ich doch«, sagte Matthias grinsend. »Und sein Unterhaltungswert ist auch nicht zu verachten. Ich hoffe nur, dass er einigermaßen normal fährt. Nicht, dass er seine Aggressionen jetzt auf der Bahn an dem weiblichen Schwarzenegger auslässt.«

Auf diese Aussage bekam er keine Antwort von Ölaf. Was nicht wirklich beruhigend war.

Das Startsignal drang unüberhörbar laut aus den Lautsprechern der Karthalle. Der Lärm, der aus den kleinen Motoren der Mini-Rennmaschinen drang, war ohrenbetäubend und das Adrenalin war förmlich greifbar. Die ersten drei Runden waren dazu gedacht, die endgültige Startposition zu ermitteln und gehörten eigentlich noch gar nicht zum Rennen. Aydin hatte endlich wieder einmal das Gefühl komplett abschalten zu können und seine Männlichkeit auf vier Rädern, auch wenn diese sehr klein waren, unter Beweis stellen zu können. Zur Überraschung aller anderen fuhr er souverän die schnellsten Rundenzeiten. An zweiter Stelle, aber mit deutlichem Abstand, fuhr Matthias nach den Qualifikationsrunden über die Ziellinie. Danach folgte ein Großteil der Damenmannschaft und in den letzten zwei Startreihen standen Ölaf, der neben einer ebenfalls extrem kräftig gebauten Frau an den Start ging, und Wolfgang. Ölaf fuhr absichtlich langsam, um das Feld von hinten aufrollen zu können. Zumindest war so sein Plan. Ganz im Gegensatz zu Wolfgang. Der musste mit seiner Rivalin in die hinterste Startreihe, da sich die beiden bei einem Überholmanöver ineinander verhakt hatten und vom Personal aus der Qualifikation genommen wurden.

»Und im Rennen fahrt ihr anständig«, waren die mahnenden Worte des Streckenpostens, der sie nach ihrem Unfall noch einmal belehrt und zu einem fairen Rennen angehalten hatte. Die beiden zu groß geratenen Sportskanonen standen dem kleinwüchsigen Mitarbeiter der Kartbahn fleißig nickend gegenüber und schworen, im Rennen vorsichtiger zu sein. Dieser schaute noch einmal skeptisch von seinem Blickwinkel aus dem Kellergeschoss, hinauf zur Dachterrasse. Dort oben konnte er in die haarigen Höhlen, die Wolfgangs Nasenlöcher darstellten, blicken, die übrigens die einzigen Stellen an seinem Körper waren, die nicht rasiert waren. Ganz im Gegensatz zu seiner Nachbarin. Diese hielt es nämlich überhaupt nicht für nötig, ihre, durch jahrelange Einnahme von Steroiden, sehr ausgeprägte Körperbehaarung, an irgendeiner Stelle zu entfernen. Nur die Bartstoppeln an ihrem Kinn ließen auf eine gelegentliche Rasur schließen.

»Schon gut. Weiß schon, um was sich's dreht«, bestätigte Wolfgang dessen fragenden Blick und schwor noch einmal hoch und heilig, dass dieser Unfall purer Zufall gewesen war. »Immer vorsichtig fahren«, ergänzte er noch einmal, um seiner Aussage, die sein

Gegenüber nicht wirklich zu verstehen schien, etwas Nachdruck zu verleihen.

»Auf jeden Fall«, beglaubigte sein weibliches Pendant in Sachen Randale auf der Rennbahn. Das war wohl der bisher einzige Moment im Leben der beiden, in dem sie sich einig waren.

Zurück an ihrem Kart quälten sich nun beide zurück in ihren Sitz und Wolfgang Zwölfgang stellte zufrieden fest, dass sie nicht weniger Probleme hatte als er, in die Schale zu kommen.

»Ha!«, rief Wolfgang triumphierend aus. »Bist wohl auch net gerade dünn, hä? Musst fetten Arsch auch mit Schuhlöffel in Sitz zwängen.« Ölaf saß nur ein paar Meter vom Geschehen weg und wollte sofort schlichten, bevor wieder ein verbaler Kampf losgehen würde.

»Nu, jetzt seid mal friedlich«, war sein zaghafter Versuch die Wogen zu glätten. Doch weder Wolfgang noch die nette Hammerwerferin wollten ihn hören.

»Schnauze Wolfgang«, schnaubte sie. »Das sind alles Muskeln.«

»Ja, genau. Kannst ja mal auf Körperfettwaage stehen. Zeigt bestimmt 128% an.«

Ölaf vergrub das Gesicht in den Händen und war sich sicher, dass dieser Abend noch böse enden würde. Matthias und Aydin durften an diesem Schauspiel leider nicht teilhaben, da die Motoren zu laut waren, um zu verstehen, was weiter hinten gesagt wurde.

Doch auch Ölaf wurde erlöst und bekam die gekeifte Antwort von Wolfgangs Freundin, die auf den wohlklingenden Namen Else hörte, aufgrund der Lautsprecherdurchsage, die den Start ankündigte, nicht mehr mit. Vielleicht war auch der Name Grund genug für ihre Boshaftigkeit.

Das Rennen ging los und ganz vorne konnte sich Aydin, gefolgt von Matthias schon ein wenig absetzen. Da die Gruppe der schwerathletischen Leichtathletinnen öfter auf der Kartbahn war, blieben sie den beiden Führenden dicht auf den Fersen. Ölaf kam gerade noch rechtzeitig durch die erste Kurve, bevor Wolfgang zusammen mit Else geradeaus in den Reifenstapel krachte. Die beiden waren so sehr mit sich beschäftigt, dass keiner daran dachte, die Bremse auch nur mit dem großen Zehen zu betätigen. Wie das berühmte HB-Männchen stürmte derselbe Streckenposten wie kurz zuvor zu den beiden hin und gab ihnen sehr impulsiv zu verstehen, dass das Rennen für sie vorbei wäre.

»Super Wolfgang. Alles deine Schuld. Wenn du nicht zu blöd zum Fahren wärst, müssten wir jetzt nicht hier draußen sitzen und den anderen zuschauen«, beschwerte sich Else. Trotz aller Differenzen saßen die beiden, wie die Hühner auf der Stange, nebeneinander auf der Zuschauerbank.

»Brauchst net meine, dass du gar keine Schuld hast, nur weil ich net rechts gelenkt hab«, antwortete Wolfgang.

»Und was bitte hätte ich machen sollen, wenn du auf der Innenseite bist, geradeaus fährst und mir gar keine Möglichkeit zum Lenken gibst?«, stellte Else die berechtigte Frage, die Wolfgang allerdings nicht im Geringsten zum Nachdenken anregte.

»Ich lass mir jetzt nix von dir einreden. Ich weiß schon, wie Hase läuft.«

Else gab es auf, winkte ab und stütze ihren Kopf gelangweilt auf beide Hände. Das restliche Rennen saßen die beiden stumm nebeneinander auf der Bank und sahen zu, wie Aydin das Feld souverän dominierte, Matthias sich den zweiten Platz sicherte und Ölaf sich einen wilden Kampf im Mittelfeld mit dem kompletten Hammerwurfteam lieferte.

# Kapitel 16 ½ – Tag 9 (Teil 1)

So nach und nach fing Vitali an, sich zu Hause zu langweilen. Matthias und Aydin schafften es einfach nicht, so viel Unordnung zu machen, dass Vitali ausgelastet war. Und das trotz seiner Verletzung. Denn außer irgendwelchen Tätigkeiten die mit Reinigungs- und Ordnungsaktionen zu tun hatten, hatte Vitali nicht wirklich ein Hobby. Selbst die Ablage war schon lange vor Monatsende erledigt. Daher beschloss er Matthias gleich nach Feierabend zu bitten, mit ihm in seine alte Wohnung zu fahren, um eine Kiste mit Bildern zu holen. Die freie Zeit wollte er nutzen, um endlich ein Album anzulegen. Auch, wenn es sicher schmerzhaft sein würde die ganzen Schnappschüsse von Swetlana zu sehen. Obwohl ihr Abschied nicht der schönste gewesen war, wollte er sie in guter Erinnerung behalten. Und seit er den ersten Kontakt mit Sabine gehabt hatte, fiel ihm das noch um ein ganzes Stück leichter.

»Und das muss unbedingt jetzt sein?«, fragte Matthias, der sich eigentlich viel lieber seinem Feierabendbier und der Couch gewidmet hätte.

»Jetzt komm schon. Ich schmeiß euch ja hier auch den ganzen Haushalt. Dann kannst du jetzt ja wenigstens mit mir in die Wohnung fahren«, antwortete Vitali schon fast ein bisschen enttäuscht.

»Ist ja schon gut. Ich komm ja mit.« Widerwillig schnappte sich Matthias seinen Schlüssel und die beiden machten sich auf den Weg zum Auto.

»Wo ist eigentlich Aydin?«, wollte Vitali wissen. Normalerweise hätte er schon lange zu Hause sein müssen.

»Der hat irgendwas davon gefaselt, dass er zu seinen Ex Schwiegereltern gehen wollte. Frag mich nicht warum. Ich hab keine Ahnung.«

»Wahrscheinlich will er sich nach Lena erkundigen. Hast du nicht auch das Gefühl, dass er sie ziemlich vermisst? Auch, wenn er es nicht zugibt, glaube ich, dass er von uns am meisten zu kämpfen hat.«

»Mhhm«, antwortete Matthias, dem solche Schlussfolgerungen niemals in den Sinn kommen würden. Er war eher davon überzeugt, dass ihm lediglich der Sack anschwoll, weil er nicht mehr zum Schuss gekommen war. Aber schließlich war ja Vitali die Frau im Haushalt, dachte sich Matthias. Daher zog er es vor, nicht zu widersprechen.

An der Wohnung angekommen steckte Vitali den Schlüssel ins Schloss und öffnete die Tür. Bevor er einen Fuß über die Schwelle gesetzt hatte, sah er, dass irgendetwas nicht stimmte. Der Läufer im Flur war mindestens um drei bis vier Zentimeter aus dem

Winkel. So hatte er die Wohnung sicher nicht verlassen.

»Hier stimmt was nicht«, flüsterte Vitali seinem Freund zu. Genau wie ein Polizist, der mit seinem Kollegen ein weiters Mal den Tatort eines Mordes untersuchen will, und feststellt, dass ihm schon jemand zuvor gekommen war. Matthias schaute verdutzt durch die Wohnung. Mal abgesehen davon, dass es sich hier um eine Ausstellungswohnung des Vereins für Pedanten handeln musste, konnte er nichts Ungewöhnliches feststellen. So etwas hätte selbst seine Bine nicht hinbekommen. Und mit einem Mal wurde ihm klar, dass es eigentlich nur logisch war, dass sie sich zu Vitali hingezogen fühlte. Wahrscheinlich konnte das eine Frau drei Kilometer gegen den Wind riechen, wenn irgendwo ein seltenes Exemplar Mann von der Gattung der Extremputzer aufgetaucht war. In diesem Zusammenhang fiel ihm auch wieder die eine Reportage im Radio über diesen merkwürdigen Bergbügelverein junger Männer ein. Da gab es scheinbar wirklich einen Haufen Kerle, die nichts Besseres zu tun hatten, als mit Bügelbrett und einem altertümlichen Bügeleisen bewaffnet auf einen Berg zu wandern, dort oben zu bügeln und wieder runter zu laufen. Sobald Kommissar Vitali den Fall in seiner Wohnung geklärt haben würde, wollte er ihn fragen, ob er nicht zufällig der Vorsitzende dieser Vollpfosten war.

»Was soll denn hier nicht in Ordnung sein?«, fragte Matthias und machte sich einen Spaß daraus, sich eng an die Wand zu lehnen, seine Finger zu einem Pistolenlauf zu formen und vorsichtig um die nächste Ecke zu schauen.

»Psst, nicht so laut. Ich glaube hier ist jemand eingebrochen«, sagte Vitali ganz leise und hielt dabei seinen Zeigefinger vor die Lippen. Dass er zu Matthias nicht gesagt hatte, er solle ihm Deckung geben, war ein Wunder. Vitali schlich auf Zehenspitzen in seine eigene Wohnung. Matthias, immer noch mit gezogener Waffe, schlich hinterher und konnte sein Lachen nur noch mit größter Mühe unterdrücken. Seinen Blick ließ Vitali in jede Ecke des Wohnzimmers wandern. Absolut lautlos bewegte er sich durch den Raum. Matthias war kurz davor wild aus seiner selbst geformten Pistolenattrappe um sich zu schießen, als er plötzlich auch ein Geräusch wahrgenommen hatte. Es hörte sich an, als ob eine Schranktür bewegt wurde und diese ein leises Quietschen von sich gab. Vitali erschrak zu Tode und Matthias passte seine Haltung instinktiv der von Vitali an. Dann wiederum nahmen sie automatisch und völlig synchron, die vorige Haltung von Matthias an. Sie hatten nun beide ihre Hände so vor dem Körper, als würden sie eine Waffe tragen. Die Beine leicht gebeugt setzten sie einen Fuß vor den anderen. Bis Matthias bei dieser doch etwas ungewöhnlichen Fortbewegungsmethode über seine eigenen Beine stolperte, der Länge nach auf einen Weinständer knallte und diesen mit sich gerissen hatte. Matthias stieß einen erschrockenen Schrei aus, der aber deutlich leiser war, als das Zerbersten der Weinflaschen auf dem Fußboden. Unmittelbar danach war ein weiterer Schrei zu hören. Dieser kam aber eindeutig von einer dritten Person und hörte sich unverkennbar nach einem weiblichen Einbrecher an. Und plötzlich stand eine Frau im Flur. Matthias hob seinen Blick und starrte auf wunderschöne Beine, die nicht enden wollten. Erst durch den Bund eines sehr knappen Minirockes wurde dieser beeindruckende Anblick unterbrochen. Ganz kurz vor der Stelle, an der Matthias mit Sicherheit hätte sagen können, ob die Einbrecherin Unterwäsche trug oder nicht. Was würde diese Frau erst tragen, wenn es richtig warm wird? Viel konnte es jedenfalls nicht sein.

»Swetlana?«, hörte er Vitalis Stimme und revidierte erneut seine Einschätzung ihm gegenüber. Er musste ein total bescheuerter, blinder, hirnrissiger und komplett verblödeter Vollidiot gewesen sein. Und ein dummes Arschloch noch dazu, so eine Hammerfrau gehen zu lassen. Noch bevor jemand die doch etwas peinliche Stille im Raum unterbrechen wollte, übernahmen plötzlich die wildesten Fantasien die Kontrolle über Matthias´ Gedanken. Gerade, als er vor seinem geistigen Auge dabei war Swetlana auf die Küchenzeile zu setzen und deren Bluse zu zerreißen, wurde er wieder aus seinem Tagtraum zurück in Vitalis Wohnung geholt, wo dessen hammermäßige Exfreundin ihn, alleine durch ihre Anwesenheit, völlig aus der Fassung gebracht hatte.

»Oh Mann«, stöhnte sie und spürte dabei immer noch ihren Herzschlag, der sich in seiner Geschwindigkeit kurzfristig verdoppelt hatte. »Was schleichst du dich denn hier so rein?«

»Äh, das ist vielleicht immer noch meine Wohnung«, antwortete Vitali etwas verdutzt. »Vielmehr würde mich interessieren, was du hier treibst. Vielleicht hättest du mir Bescheid sagen können, bevor du hier unangemeldet auftauchst?«

»Treiben tu ich gar nichts. Aber das war ja früher auch nicht anders, falls du dich noch an unser nicht vorhandenes Sexualleben erinnern kannst«, entgegnete Swetlana mit einem verbalen Seitenhieb in den Genitalbereich. Im gleichen Moment stellte Matthias schon wieder fest, was sein Mitbewohner für ein Idiot gewesen sein musste, verzichtete aber auf eine genauere Beschreibung der Dummheit, da ihm langsam die Steigerungsformen ausgingen. Stattdessen rappelte er sich auf und wusste, als er sich umschaute sofort, dass Vitali gleich einen Nervenzusammenbruch erleiden würde. Zumindest, wenn er das Ausmaß der Zerstörung durch den Weinständer sehen würde. Doch im Moment hatte er erst noch mit Swetlana zu tun und war dabei sehr bemüht nicht die

Contenance zu verlieren. Schließlich wollte er sich auch gegenüber seinem Mitbewohner keine Blöße geben.

»Also gut«, sagte Vitali trotzdem ziemlich genervt. »Was machst du dann hier?«

»Falls du dich erinnerst, habe ich hier auch mal gewohnt. Ich wollte einfach noch ein paar Sachen holen, die ich vergessen habe. Keine Angst, ich will nicht wieder hier einziehen«, antwortete Swetlana und hob abwehrend die Hände vor den Körper.

Auch wenn sie sich darüber geärgert hatte, dass sie hier auf Vitali traf, musste sie feststellen, dass er einen recht attraktiven Freund dabei hatte, den sie bisher noch nie gesehen hatte. Wie auch? Bei Vitalis Zeitplan war ja zwischen Autoputzen, Ablage machen und die Wohnungseinrichtung im Neunziggradwinkel ausrichten, auch keine Zeit für so etwas profanes wie Freunde. Sie musterte Matthias von oben bis unten. Irgendwie machte es sie sogar ein wenig an, dass sich sein weißes T-Shirt unter seiner Lederjacke mit Wein vollgesaugt hatte, und sich eng um seinen Bauch schmiegte. Matthias hatte das Glück auch ohne Training schon einen ziemlich gut ausgebildeten Waschbrettbauch zu haben. Sofort, als er die Blicke von Swetlana gespürt hatte, stellte er sich noch provokativer hin und ließ seine Lederjacke etwas über die Schulter rutschen.

»Willst du mich denn nicht deinem neuen Freund hier vorstellen«, sagte Swetlana und warf dabei Matthias einen vielsagenden Blick zu. Und der reichte schon aus um sein Kopfkino genau an der Stelle auf der Küchenzeile, an dem vorhin der Pausenknopf gedrückt wurde, wieder einzuschalten. Der Minirock, dieser Blick und die Geschichten, die Vitali ihm erzählt hatte, reichten aus um mit Swetlana den Klassiker Atemlos mit Richard Gere nachzuspielen.

»Matthias«, sagte Vitali etwas gereizt, weil von vorstellen WOLLEN keine Rede sein konnte, und zeigte auf seinen Freund. Dabei hatte er auch endlich gesehen, wie schlimm es hier eigentlich aussah. Bei diesem Anblick war er unfähig zu sprechen und machte sich sofort an die Schadensbegrenzung. Wenn er Chaos sah, musste er es sofort beheben. In seiner eigenen Wohnung sowieso.

»Swetlana«, übernahm seine Exfreundin den restlichen Teil der Vorstellung und streckte Matthias die Hand hin.

»Ich hab schon viel von dir gehört«, sagte Matthias und ärgerte sich im selben Moment über seine Aussage, aus Angst diese erklären zu müssen.

»Ich hoffe nur Gutes«, antwortete Swetlana stattdessen und hielt seine Hand deutlich länger fest, als nötig. Dabei sah sie ihm tief in die Augen und ihr Parfüm brachte Matthias nun, als sie so nahe bei ihm stand, endgültig um den Verstand.

»Oh ja«, war die kurze Antwort. Zu mehr war er nicht fähig. Noch bevor er etwas hinzufügen konnte, wurde er von Vitali aus seinem Tagtraum gerissen, indem er sich gerade immer noch mit Swetlana auf der Arbeitsplatte vergnügte.

»Kannst du mir vielleicht mal helfen, die Sauerei hier wieder wegzumachen?«, platzte Vitali ziemlich ungehalten heraus, dem das Getue der beiden schon mächtig auf den Wecker ging. Dabei vergaß er komplett, dass es für Matthias ja mindestens genauso schlimm ausgesehen haben muss, als er mit Bine zu Hause gesessen war. »Wenn ich mich recht erinnere, dann hast du hier das Chaos angerichtet.«

»Was? Äh ja, ich bin gleich bei dir«, antwortete Matthias und ließ schweren Herzens Swetlanas Hand wieder los.

»Ich räum dann noch schnell meine Sachen zusammen, und dann bin ich wieder weg«, sagte Swetlana und ließ es sich nicht nehmen, Matthias noch einmal tief in die Augen zu schauen, als sie sich abwandte. Der war wiederum kurz vorm Durchdrehen und hatte gerade auf alles Lust, aber ganz bestimmt nicht auf eine von Vitalis Putzorgien. Unerwartete Situationen erfordern außergewöhnliche und eventuell auch schmerzhafte Maßnahmen, dachte sich Matthias. In Bruchteilen einer Sekunde entwickelte er das Gerippe eines Plans zur Kontaktsicherung mit Swetlana. Der Plan war gut, kostete allerdings eine gewaltige Überwindung. Er biss die Zähne zusammen und griff entschlossen in eine Glasscherbe, die ihm eine ordentliche Schnittwunde zufügte. Er hatte zwar auch gesehen wie Vitali sich mit seiner verletzen Hand abgeschunden hatte, aber da musste er jetzt durch. Schließlich hatte sein Freund schon deutlich mehr Zeit mit seiner Ex-Freundin Sabine verbracht, als er mit Swetlana. Und schließlich muss man manchmal im Leben seine Prioritäten klar setzen. Auch, wenn diese kurz zuvor nicht einmal ansatzweise etwas mit der Eroberung einer Frau zu tun hatten. Matthias schob es auf das Schicksal. Und ab und zu sollte man sich davon einfach treiben lassen.

»Auuuaaaaaa!«, schrie er deutlich lauter, als es hätte sein müssen und verzog schmerzverzerrt das Gesicht, als er die Schnittwunde mit der anderen Hand zuhalten wollte. In diesem Moment war er sich nicht mehr ganz so sicher, ob das auch eine gute Idee war. Seine Hand blutete deutlich mehr, als er das beabsichtigt hatte. Doch der Erfolg gab ihm recht.

»Was hast du denn gemacht?«, fragte Swetlana und kam blitzschnell zu ihm geeilt. Sie nahm seine Hand, hielt diese unter den Wasserhahn und Matthias genoss neben dem kühlenden Wasser auch noch die Berührung durch Swetlanas Brüste, die sich ganz zufällig durch ihre Haltung ergeben hatte. Mit dem anderen Arm hatte sie ihn fest umschlungen und stützte ihn für denn Fall, dass ihm schwindelig wurde.

Kurzzeitig hatte er den Anflug eines schlechten Gewissens, als dann auch noch Vitali zu ihm kam und sein Bedauern ausdrückte.

»Mensch Matthias, was machst du denn für Sachen? Setz dich lieber hin und ruh dich aus. Ich räum das schon alleine weg.«

Aber das schlechte Gewissen hielt nicht lange an, obwohl er genau sah, wie schwer sich sein Mitbewohner tat den Weinständer einhändig wieder aufzustellen. Doch was sollte er tun? Schließlich war er ein ganz anderer Typ als Vitali und dachte gelegentlich auch einmal an sich selbst! Vielleicht auch ein bisschen öfter als gelegentlich. Swetlana war nämlich mit Abstand die geilste Frau, die er je kennengelernt hatte. Gut, vielleicht lag es auch daran, dass er jetzt schon ein paar Wochen alleine war und ihm generell ein weibliches Wesen an seiner Seite fehlte. Aber das verdrängte er. So einen Gedanken konnte und wollte er sich noch überhaupt nicht eingestehen. Schließlich hatten sie sich hoch und heilig geschworen, sich nicht mehr so schnell – oder am Besten überhaupt nicht mehr – mit einer Frau auf eine ernsthafte Beziehung einzulassen. Die waren ja auch an allem schuld. Zumindest waren sich die drei Gründerväter der Männer WG diesbezüglich schnell einig gewesen. Manchmal änderten sich allerdings die Rahmenbedingungen, die in diesem Fall rein triebgesteuert waren, viel schneller, als man das zuvor angenommen hatte. Darauf musste man sich eben einstellen, wenn man nicht auf der Strecke bleiben wollte.

Vitali hatte ihm irgendwann den kleinen Abschiedsbrief von ihr gezeigt. Und seit diesem Moment wollte er einer der coolen Typen sein, mit denen Swetlana vögeln wollte. Das hätte er seinem Freund natürlich nie gesagt, aber jetzt hatte er nur noch ein Ziel vor Augen: Die Zeit mit Swetlana auszukosten, solange es noch ging. Vielleicht noch irgendwie an die Telefonnummer von ihr zu kommen, wäre dann für heute der Tagessieg gewesen. Und mittelfristig wollte er natürlich mit ihr in die Kiste springen. Das war ihm ab dem Moment klar, als er an ihren Beinen nach oben gesehen hatte. Wenn er etwas genauer darüber nachdachte, eigentlich schon vorher.

»Geht's wieder einigermaßen?«, fragte Swetlana besorgt. Sie hatte sich eng neben ihn gesetzt und ihm ein Küchentuch um die Schnittwunde gebunden.

»Ich glaube mir wird schlecht«, log Matthias ohne rot zu werden und lehnte sich so an ihr an, dass er möglichst viel von ihrem Körper berühren konnte. Vitali war inzwischen mit der Wiederherstellung des Originalzustandes seiner Wohnung fertig und hätte am liebsten sofort den bildlichen Keil zwischen die beiden getrieben.

»Das hat alles keinen Sinn. Wir müssen ins Krankenhaus. Ich fahr dich«, sagte sie und Vitali drehte sich energisch um, während das innerliche

Grinsen von Matthias mittlerweile locker die Schmerzen der Schnittwunde wettmachen konnte.

»Und was ist mit mir? Matthias ist gefahren, ich hab kein Auto und mit meiner Hand kann ich auch nicht alleine fahren.«

»Dann komm halt mit«, stöhnte Swetlana, die sich etwas Aufregenderes vorstellen konnte, als ihren Ex auf der Rückbank zu haben, während sie einen extrem attraktiven Mann, der sogar nach Wein stinkend und blutverschmiert irgendetwas in ihr zu erregen schien, neben sich sitzen hatte. Oder vielleicht war es auch gerade das. So ganz konnte sie es sich selbst nicht erklären. Aber eines war ihr in der kurzen Zeit, die sie mit Matthias verbracht hatte, definitiv klar geworden. Es gab sie wirklich noch. Die richtigen Männer, die aussahen wie Männer, die rochen wie Männer und vor allem die den Anschein hatten, auch im Bett richtige Männer zu sein. Swetlana erging es nicht viel anders als Matthias. Bisher hatte sie ihr vorhaben mit coolen Männern zu vögeln noch nicht umgesetzt. Aber diese Begegnung heute, ließ die Hoffnung in ihr aufkeimen, dass sich das bald ändern würde.

# Kapitel 16 2/2 – Tag 9 (Teil 2)

Zur gleichen Zeit trottete Aydin ziemlich niedergeschlagen nach dem Besuch bei seinen ehemaligen Schwiegereltern wieder nach Hause. Auch, wenn er sich eingestehen musste, dass er wohl doch die alleinige Schuld am Ende seiner Beziehung hatte, so hatte er doch gehofft, dass Lena wieder zur Vernunft und nach ein paar Wochen auch wieder nach Hause kommen würde. Zumindest nach Hause zu ihren Eltern. Vielleicht hätte er ja dann doch noch eine Chance gehabt, die Beziehung zu retten. Das war auch der Grund seines Besuches gewesen. Seine Schwiegereltern waren immer nett zu ihm gewesen und auch dieses Mal wurde er trotz seines Fehltritts nicht abgewiesen. Er versuchte sich zwar ständig, durch die regelmäßigen Beteuerungen im Kreise seiner Mitbewohner, dass alleine die Frauen an allem Schuld waren, einzureden, alles richtig gemacht zu haben. Doch es nagte an ihm und er vermisste seine Lena sehr. Aber anstelle nach ihm zu fragen, hatte sie ihren Eltern nur davon vorgeschwärmt, wie sehr sie doch ihre Aufgabe in so einem armen Land ausfüllte. Mit keinem Wort hätte sie nach ihm gefragt. Das hatte ihn natürlich extrem hart getroffen.

»Scheiße«, fluchte Aydin den ganzen Weg zurück in die Männer WG, die alle Sorgen verdrängen sollte. Lenas Eltern hatte er gesagt, sie sollten ihr doch bitte ausrichten, dass ihm alles furchtbar leidtat. Damit hatte er zwar in seinen Augen die Hosen der Beziehung endgültig gegen den Rock getauscht, aber wenn es doch noch zu deren Rettung beitragen könnte, würde er mittlerweile wohl sogar das Kopftuch freiwillig aufsetzen. Auch wenn es ihm nicht passte, war er viel mehr wie sein Vater, als er sich das eingestehen wollte. Und auf die Frage, was daran falsch sein sollte, fielen ihm immer weniger Antworten ein. So sehr er sich auch anstrengte, er würde nie wie Matthias werden. Und eigentlich wollte er das ja auch gar nicht. Den Macho hatte er meistens nur rausgehängt, weil er befürchtet hatte, er könnte bei anderen als Weichei dastehen. Und was hatte er jetzt davon? Er wohnte mit einem Putzfanatiker und einer Alkoholvernichtungsanlage zusammen und musste sich einen von der Palme schütteln, wenn er zwischendurch an Überdrucksymptomen litt. Aber da er gerade eh nichts an seiner Situation ändern konnte und die Wohnung, als er nach Hause kam, auch noch leer war, ertränkte er seinen Kummer mit allem was ihm an alkoholhaltigen Getränken in die Finger gekommen war.

»Prima«, sagte er zu sich selbst. »Super Männer WG. Wenn man mal einen braucht, ist keiner da.«

Während er sich die Lichter ausgeschossen hatte, versuchte er noch einen Plan zu erstellen, wie er es angehen könnte, Lena um Verzeihung zu bitten. Dazu machte er sich einige Notizen, die er am nächsten Tag aber leider nicht mehr lesen konnte. Nicht einmal ungefähr. Und erinnern konnte er sich sowieso an nichts mehr.

Beim Blick in den Rückspiegel konnte Swetlana erkennen, dass Vitali schon ziemlich angefressen war, weil er auf der Rückbank sitzen musste. Da musste er bisher ja auch noch nie sitzen. Irgendwie tat ihr das gut. Sie ertappte sich dabei, wie sie überlegte, was sie zur Steigerung seines Zorns noch tun konnte. Die Strafe für jahrelangen schlechten Sex konnte eigentlich gar nicht hoch genug sein. An einer Ampel wandte sie sich wieder Matthias zu.

»Na, haben die Schmerzen schon ein wenig nachgelassen?«, fragte sie mit zuckersüßer Stimme. Dabei konnte sie es sich nicht verkneifen, Matthias mit ihrer Hand den Oberschenkel zu tätscheln und diese bis zum Umschalten der Ampel auch nicht wieder wegzunehmen. Währenddessen sah sie natürlich mit einem Auge in den Rückspiegel und verpasste nicht, wie Vitali sie lautlos nachäffte.

»Ein wenig. Vielen Dank noch mal für die Schmerztablette und fürs Fahren«, antwortete Matthias und legte seine gesunde Hand auf ihre. Das war eindeutig zu viel für den Fahrgast auf dem Rücksitz.

»Das gibt's doch nicht«, zischte Vitali leise. Gerade so laut, dass die anderen es hören konnten. Zumindest brachte es Matthias dazu, seine Hand wieder wegzunehmen. Swetlana dagegen ließ ihre noch liegen, bis sie wieder schalten musste. Matthias kam sich ziemlich dämlich vor, als er spürte, dass er in dieser Situation nun auch noch mit einer Erektion zu kämpfen hatte. Vor allem hatte er Angst, dass sein Freund das mitbekommen könnte.

Im Krankenhaus ging dann alles ziemlich schnell. Viel zu schnell für Matthias' Empfinden. Viel zu schnell waren sie dann auch wieder zu Hause angekommen und er musste sich jetzt endgültig von Swetlana, der Sexgöttin, trennen. Wenn er sich jetzt noch auf die Schnelle eine größere Verletzung zufügen würde, wäre das wohl etwas über das Ziel hinausgeschossen. Daher stieg er schweren Herzens aus dem Wagen und klappte den Sitz nach vorne, dass auch Vitali aussteigen konnte. Dieser verließ wortlos den Wagen, blieb aber gleich daneben stehen, um den beiden auf die Finger zu schauen. Im selben Moment fragte er sich, was er da eigentlich tat. Einerseits war das alles doch total kindisch. Andererseits war ihm das aber völlig egal, weil er es überhaupt nicht sehen konnte, wie seine Exfreundin seinen Mitbewohner ganz offensichtlich um den Finger wickelte.

»Vielen Dank für alles. Machs gut«, sagte Matthias.

»Matthias!«, rief Swetlana aus dem Wagen, als er gerade die Tür zuschlagen wollte.

»Ja?«, antwortete dieser und hoffte nun kurz vor dem Abpfiff, doch noch den Tagessieg zu schaffen.

»Komm mal kurz her!«

Matthias beugte sich ins Auto und Vitali konnte erkennen, dass sie ihm einen Zettel in die Hand gedrückt hatte. Er ballte vor Zorn die Faust und ärgerte sich gleichzeitig über sich selbst, dass er nicht endlich damit abschließen konnte.

»Ciao«, rief Matthias. Die gesunde Hand zu einer Faust geballt und mit triumphierendem Gesichtsausdruck fügte er leise aber energisch hinzu: »Ja!« Er vollführte einen Tanz auf dem Gehweg, wie ein Baseballspieler der gerade einen Homerun geschafft hatte. Swetlana konnte im Rückspiegel Matthias dabei beobachten und nahm sich vor, dass er zumindest einer der coolen Typen werden sollte, mit denen sie vögeln wollte. Vielleicht würde es ja sogar genau der Eine werden.

»Was hat sie dir denn für einen Zettel zugesteckt?«, wollte Vitali wissen.

»Zettel? Ich weiß nicht, was du meinst«, antwortete Matthias und setzte sich Richtung Hauseingang in Bewegung.

»Ich hab es doch genau gesehen.«

»Du musst dich irren.«

»Warum hast du dich gerade so gefreut?«

»Ähm, weil, also, ach nur, weil alles gut gegangen ist.«

Vitali war sich zwar sicher, dass sein Freund ihn angelogen hatte, aber er konnte es ja auch nicht aus ihm herausprügeln.

Als die beiden die Wohnung betraten, fanden sie einen besinnungslos auf dem Sofa liegenden Aydin.

»Mann, hab ich es eigentlich nur mit Alkoholikern und Vollidioten zu tun?«, schrie Vitali plötzlich und wunderte sich selbst über seinen ungewöhnlichen Gefühlsausbruch.

»Hey, bin ich dann der Vollidiot? Oder wie soll ich das deuten, wenn unser Aydin hier mit drei Promille auf der Couch liegt?«

»Nein, so war das jetzt auch wieder nicht gemeint. Aber mir ist das alles ein bisschen zu viel heute.«

»Ist schon in Ordnung«, sagte Matthias und klopfte Vitali beruhigend auf die Schulter. »Jeder hat mal einen schlechten Tag.«

»Oh verdammt«, fluchte Vitali.

»Was ist den jetzt schon wieder?«, wollte Matthias wissen.

»Ich hab die Kiste mit den Bildern vergessen und dein Auto steht auch noch bei mir vor der Haustür.«

»Stimmt«, antwortete Matthias. Ihm wäre es wahrscheinlich erst am nächsten Morgen aufgefallen, wenn er zur Untersuchung zu seinem Hausarzt hätte fahren wollen. »Ist aber kein Problem. Ich lauf einfach morgen zum Arzt, mach dann noch einen kleinen Abstecher zu deiner Wohnung und komm mit dem Auto zurück. Wenn du mir den Schlüssel mitgibst, bring ich dir auch die Kiste mit den Bildern mit.«

»Du weiß doch gar nicht, wo die steht.«

»Ich geh mal davon aus, dass bei dir alles generalstabsmäßig durchgeplant ist, und du mir eindeutig sagen kannst, wo sie steht.«

»Stimmt, das kann ich«, sagte Vitali stolz. Jedes Mal, wenn ihm seine Ordnung einen Erfolg verschaffte, erfüllte ihn das mit Genugtuung. Vergessen war der Ärger über das Chaos in seiner Wohnung, das er durch die Verletzung von Matthias nur notdürftig entfernen konnte.

»Verdammt, wie weit ist es denn schon mit mir gekommen?«, stellte Vitali eine Frage in den Raum.

»Wie meinst du das denn jetzt?«, fragte Matthias und befürchtete schon eine Moralpredigt über die miserablen Umstände, in denen Vitali hausen musste.

»Ich freu mich auf ein Bier. Das gab es noch nie.«

»Normal, oder?«, fügte Matthias hinzu, holte zwei Bier aus dem Kühlschrank und ließ sich neben Aydin auf die Couch fallen.

»Was für ein Tag«, sagte Vitali und pustete laut durch die Zähne.

»Da sagst du was«, bestätigte Matthias, obwohl sie beide eine völlig unterschiedliche Auslegung des eben

Gesagten für sich beanspruchten. Nach dem ersten Schluck tastete Matthias in seiner Hosentasche noch einmal nach dem Zettel, den Swetlana ihm zugesteckt hatte. Ein zufriedenes Lächeln breitete sich auf seinem Gesicht aus, nachdem er festgestellt hatte, dass er wirklich da war und es sich nicht um einen Traum gehandelt hatte. Vitali deutete es aber als Reaktion auf die kühle Erfrischung und tat es ihm gleich. Die beiden strahlten wie zwei Atomkraftwerke, während Aydin in seinen schwer alkoholisierten Träumen zum König eines afrikanischen Stammes avancierte und Lena seine Königin war.

Mit jedem Schluck Bier verstärkte sich der Wunsch in Vitali, Sabine wiederzusehen. Eigentlich hatte er gehofft, dass sie irgendwann in der Woche, in der er noch krankgeschrieben war, noch einmal in der WG vorbeischauen würde. Doch jetzt war ja Matthias auch zu Hause. Er musste sich irgendetwas einfallen lassen, um seinen Mitbewohner zumindest am Vormittag für längere Zeit aus der Wohnung zu locken. Er hatte zwar recht schnell einen Plan zurechtgeschmiedet, aber so ganz wollte es ihm selbst nicht gefallen. Doch wenn es sein musste, wollte er auch den harten Weg gehen. Das würde zwar bedeuten, dass er Matthias absichtlich einen falschen Ort in seiner Wohnung für die Bilderkiste angeben müsste und dadurch sich auch noch völlig unberechtigt die Schmach geben musste, dass doch nicht alles zu hundert Prozent organisiert sei. Aber für dieses höhere Ziel musste er Kompromisse eingehen. Auch wenn ihm das, zusammen mit der bewussten Lüge seinem Freund gegenüber, fast körperliche Schmerzen verursachte, wollte er dieses Mal an sich denken. Hauptsache die Zeit, die er für einen möglichen Besuch von Bine hatte, würde so lange wie möglich sein.

# Kapitel 17.1 – Tag 10 (Schicksalstag einer Männer WG Teil 1)

Immer noch krankgeschrieben langweilte sich Vitali nach verrichteter Hausarbeit nun endgültig zu Tode. Auf der einen Seite hätte er sich liebend gerne ein wenig die Füße vertreten, zumal das Wetter für einen ausgedehnten Spaziergang nicht schöner hätte sein können. Auf der anderen Seite wollte er aber auch nicht die Möglichkeit verpassen, Sabine zu treffen, falls diese doch noch vorbeikommen würde. Hin- und hergerissen von seinen Gedanken beschloss er, den Spaziergang auf später zu verschieben. Wenn Matthias wieder zurück sein würde, könnte er schließlich immer noch gehen. Er ärgerte sich gerade darüber, dass er nicht den Mut aufgebracht hatte, Sabine nach ihrer Telefonnummer zu fragen, als es plötzlich an der Tür klingelte. Obwohl Vitali auf nichts anderes gewartet hatte, zuckte er erschrocken zusammen. Auch wenn die Wahrscheinlichkeit, dass der Postbote ein Paket bringen würde, das eigentlich für den Nachbarn bestimmt war, deutlich größer war, als dass wirklich seine neu ernannte Traumfrau aufkreuzen würde, prüfte er noch einmal mit einem kritischen Blick in den Spiegel sein Erscheinungsbild. Mit klopfendem Herzen stand er an der Tür und es dauerte etwa fünf Sekunden, bis er den Griff nach unten drückte. Vitali öffnete und tatsächlich – Bine stand davor. Sie trug einen perfekt gebügelten Hosenanzug und die Haare waren makellos zu einer Hochsteckfrisur gestylt. Allein der Anblick dieser fehlerfreien Erscheinung bescherte Vitali eine angenehme Gänsehaut am ganzen Körper.

»Hallo Vitali«, sagte Bine mit samtweicher Stimme und einem Lächeln, das Vitali fast um den Verstand gebracht hätte.

»Hallo«, entgegnete er und suchte verzweifelt nach einem angebrachten Gesprächsanfang, der nicht sofort verdeutlichte, dass er die ganze Zeit nur auf sie gewartet hatte.

»Matthias ist leider nicht da«, war das Einzige und gleichzeitig mit an Sicherheit grenzender Wahrscheinlichkeit das Dämlichste, was er hätte sagen können.

»Ich wollte auch nicht zu Matthias«, antwortete Bine, legte den Kopf etwas auf die Seite und sah Vitali tief in die Augen. »Eigentlich wollte ich zu dir. Was machst du denn gerade?«

Darauf war Vitali nun gar nicht gefasst. Trotz der angenehmen Überraschung fiel es ihm außergewöhnlich schwer, auf die Situation einzugehen. Und außerdem wollte er tunlichst vermeiden, dass Matthias ihn schon wieder hier mit Bine ertappen würde. Obwohl er ja gar nichts dafür konnte, fühlte er sich für Bines Auftauchen verantwortlich und schämte sich indirekt seinem Freund gegenüber. Er konnte mit ihr definitiv nicht hier bleiben.

»Ich wollte gerade spazieren gehen«, sagte Vitali für seine Verhältnisse extrem spontan.

»Oh, prima. Endlich mal ein Mann, der gerne spazieren geht. Wenn du nichts dagegen hast, komme ich mit. Es ist ja so schönes Wetter draußen.«

Vitali bekam einen Klos in den Hals, weil er nicht wusste, wie lange Matthias noch brauchen würde, bis er die Fotoalben trotz falscher Beschreibung gefunden und sein Auto geholt hatte. Dank seiner Verletzung war ja auch er krankgeschrieben und bestimmt schon bald wieder zu Hause. Er musste so schnell wie möglich ganz weit weg von der Wohnung.

»Oh, äh, das wäre schön. Glaube ich«, stammelte Vitali vor sich hin und vergaß vor lauter Aufregung, sich die Schuhe richtig zu binden. Und das grenzte schon fast an ein Ding der Unmöglichkeit. Schuhe binden, das war wie atmen. Es musste einfach sein, und als Vitali seinen Fauxpas auf der Treppe bemerkte, war ihm das unendlich peinlich.

»Einen Moment bitte«, sagte er und band sich auf der Treppe noch schnell die Schuhe. Hochgradig nervös zitterte er die Schnürsenkel zu einem Schlupf, und war davon überzeugt, wegen dieser Tatsache in Bines Gunst weit zu sinken. Was ihn aber nicht davon

abgehalten hatte, zwei völlig gleichlange Schlaufen-
paare zu binden.

Wahllos schlenderten die beiden durch die Stadt
und Vitali bekam nicht einmal mit, dass Matthias mit
dem Auto an ihnen vorbeigefahren war. Gesehen hatte
dieser allerdings nichts, weil er viel zu sehr mit seiner
Beifahrerin beschäftigt gewesen war.

»Wo hast du eigentlich vorher gewohnt?«, wollte
Bine wissen, als sie zufälligerweise nur ein paar
Straßen von seiner alten Wohnung entfernt waren.

»Gleich ein paar Straßen weiter. Ist gar nicht weit
von hier«, antwortete Vitali und fügte umgehend
hinzu: »Die Wohnung habe ich aber nach wie vor
angemietet. Ich wollte auf Nummer sicher gehen, für
den Fall, dass es mit der WG nicht funktioniert.«

»Echt?«, fragte Bine. »Und? Funktioniert es denn?«

Das war eine Frage, mit der sich Vitali schon mehrfach auseinandergesetzt hatte. Eine klare und ein-
deutige Antwort hatte er für sich selbst allerdings
auch noch nicht gefunden. Die Annäherung der
unterschiedlichen Lebensweisen war doch schwerer
als gedacht.

»Das kann ich dir gar nicht genau beantworten.
Einerseits ist es toll, mit Freunden die Wohnung zu
teilen und dadurch nicht allein sein zu müssen.
Andererseits entspricht es nicht immer meiner Vorstellung, wie in der WG die Dinge laufen. Aber es ist ja

auch erst ein Anfang und alles muss sich noch ein bisschen einspielen.«

»Dass sich bei Matthias irgendetwas einspielt, kann ich mir nicht wirklich vorstellen«, antwortete Bine und bestätigte damit unbewusst auch Vitalis Befürchtungen.

»Es war mit Sicherheit sinnvoll, dass du deine Wohnung behalten hast. Ich kenn dich ja noch nicht allzu gut, aber ich kann mir nur schwer vorstellen, dass dein Sinn für Ordnung und Sauberkeit mit dem chaotischen Lebensstil von Matthias zusammenpasst. Ich hab ja auch ein wenig gebraucht, um das zu erkennen.«

»Du machst mir ja Mut«, antwortete Vitali und fragte sich nun ernsthaft, ob er das noch lange mitmachen würde, immer alles alleine zu putzen und aufzuräumen. Es waren zwar erst zehn Tage, aber er befürchtete, dass Bine recht hatte.

»Ich sag dir nur was ich denke«, sagte sie und stellte zufrieden fest, dass sie mit ihrer Meinung, was Matthias′ Sinn für Ordnung betraf, nicht alleine dastand. Sie gingen noch ein paar Meter nebeneinander her, bis sich Bine plötzlich bei Vitali einhakte und ihn von der Seite so warmherzig ansah, dass er beinahe aus den Latschen gekippt wäre. Er spürte ein Kribbeln am ganzen Körper und konnte fühlen, wie sich ein dünner Film Angstschweiß auf seiner Stirn ausgebreitet hatte. Auf so viel Annäherung war er definitiv nicht vorbereitet gewesen.

»Ich würde gerne mal deine Wohnung sehen«, hauchte Bine in Vitalis Ohr. Sein Gesamtzustand wurde dabei noch etwas unsicherer.

»Was?«, platzte es deutlich energischer aus Vitali heraus, als er das eigentlich wollte, weil ihm sofort eingefallen war, dass die Spuren des Unfalls vom Vortag noch nicht beseitigt waren. Und dann war auch noch Matthias am Morgen in der Wohnung gewesen. Vielleicht sah es ja noch schlimmer aus als gestern. »Ich glaube das ist keine so gute Idee. Als ich gestern mit Matthias in der Wohnung war, ist ein kleiner Unfall passiert.« Vitali erzählte Bine in einer sehr gekürzten Fassung die Geschehnisse des Vortages, in der seine Ex-Freundin nicht einmal als Randfigur aufgetaucht war. Viel intensiver schmückte er seine Gedanken zur Fleckenbeseitigung aus, zu denen Bine natürlich sofort einiges beizusteuern hatte. Sie redete Vitali gut zu, und überzeugte ihn, dass sie sich am besten gemeinsam an die Fleckenbeseitigung machen sollten. Schließlich hätte er ja durch das Bügeln ihrer Kleider noch etwas bei ihr gut. In der Wohnung angekommen zeigte sich Bine, trotz des Flecks vom Vortag und dem partiellen Chaos, das eindeutig Matthias zuzuschreiben war, sichtlich angetan von der ordentlichen Grundstruktur, mit der Vitali seine Bleibe eingerichtet hatte.

»Schön hast du es hier«, sagte sie und inspizierte die ganze Wohnung. »Darf ich dich mal was fragen?«

»Natürlich«, antwortete Vitali und wurde gleichzeitig ziemlich nervös, weil Bine ihn dabei schon wieder so angesehen hatte.

»Meinst du, wir könnten mal zusammen putzen? Also so richtig. Nicht nur jetzt die Flecken. Sondern die ganze Wohnung. Ich habe das Gefühl, wir könnten uns in dieser Hinsicht perfekt ergänzen.«

Für jeden anderen wäre das die Ernüchterung gewesen, die man niemals hätte hören wollen. Doch für Vitali kam das schon fast einem Heiratsantrag gleich. Für ihn war das in etwa so, als hätte ein anderer Mann das Angebot für schnellen unverbindlichen Sex von der Hammerfrau schlechthin bekommen. Dementsprechend schwer fiel es ihm auch seine Erregung zu verbergen. Er befand sich durch diese Aussage quasi schon mitten im Vorspiel.

»Natürlich können wir das«, antwortete Vitali freudestrahlend. »Meinst du, wir sollen jetzt gleich anfangen?«

»Wenn du willst«, sagte Bine. »Ich kann es kaum erwarten, zusammen mit einem Mann durch die Wohnung zu fegen.«

Wenn Matthias und Aydin die folgenden Stunden hätten beobachten müssen, wäre das für sie sicherlich mit handfesten, körperlichen Qualen zu vergleichen gewesen. Die beiden ließen keine Ecke aus. Jeder teilte den eigenen Triumph über die gemeinen Wollmäuse mit dem anderen. Die Schränke, in denen Matthias nach den Bildern gesucht hatte, wurden komplett neu eingeräumt und Vitali stellte mit Begeisterung fest, dass es wohl doch Frauen gibt, die ihm ebenbürtig waren. Bine ging es nicht anders und die beiden erlebten zusammen ein noch nie da gewesenes Glücksgefühl. Wofür sie zwar von Matthias sicherlich eine Einweisungsempfehlung in eine psychiatrische Klinik bekommen hätten, aber an so etwas dachte natürlich keiner der beiden. Warum auch? Schließlich war Matthias auch nicht ganz normal. Nachdem sie den halben Nachmittag in einer bisher unbekannten und nicht zu überbietenden Euphorie ihrem Lieblingshobby nachgegangen waren und keiner den anderen aufgrund seiner außergewöhnlich intensiven Putztechniken fragend angesehen hatte, beschlossen sie diesen wunderbaren Tag noch gebührend abzuschließen. Vitali hatte einmal Swetlana von seiner heimlichen Leidenschaft berichtet und dafür nur Hohn und Spott geerntet. Seither hatte er niemandem mehr davon erzählt. Aber bei Sabine war er sich sicher, dass sie ihn verstehen würde.

»Sollen wir zusammen zu Abend essen und danach ins Ballett gehen?«, fragte Vitali vorsichtig, aber zuversichtlich.

Bine schaute ihn an und rieb sich die Augen. Die Antwort dauerte unendlich lange und Vitali befürchtete schon das Schlimmste.

»Du bist nicht echt, oder?«, stellte sie die Gegenfrage.

»Wie meinst du das?«

»Du bist doch wirklich ein Mann, oder?

»Natürlich. Ich weiß aber ehrlich gesagt beim besten Willen nicht, auf was du hinaus willst«, entgegnete Vitali. Die Situation war für ihn extrem beunruhigend, da er es ja als absolut normal empfand, diese Vorlieben als Mann zu haben. Er wartete schon darauf aus seiner Illusion wieder aufzuwachen, als Bine endlich antwortete.

»Du gehst freiwillig spazieren, du putzt gerne, du hast einen ausgeprägten Ordnungssinn und willst eine Frau auch noch ins Ballett ausführen. Das gibt's kein zweites Mal. So etwas habe ich noch nie erlebt.«

»Und ist das jetzt schlimm?«, fragte Vitali verunsichert.

Sabine schaute ihn an und ein Grinsen breitete sich fast über ihr ganzes Gesicht aus.

»Nein, du Idiot«, sagte sie lachend. »Das ist ein Traum.« Ehe Vitali über die Antwort nachdenken konnte, sprang sie ihm förmlich an den Hals und gab ihm einen dicken Kuss auf die Lippen.

So etwas hatte er definitiv noch nicht erlebt. Irgendwo musste an der ganzen Sache doch ein Haken sein. Matthias hatte ihn zwar gewarnt, aber es waren ja eigentlich genau die Dinge, die er an Bine gut fand. Doch wenn er eines in der kurzen Zeit der Männer WG gelernt hatte, dann war es, dass man auch einfach die Dinge gelegentlich so nehmen sollte, wie sie waren. Ohne groß darüber nachzudenken.

# Kapitel 17.2 – Tag 10 (Schicksalstag einer Männer WG Teil 2)

Als Matthias endlich Vitalis Fotoalben gefunden und diese intensiv, aber erfolglos, nach Nacktfotos von Swetlana durchsucht hatte, fiel ihm auf, was für eine pedantische Struktur hinter dieser Ordnung steckte, die Vitali in seinen eigenen vier Wänden zelebriert hatte. Es schüttelte ihn richtig, nachdem er intensiv darüber nachgedacht hatte und sich ausmalte, was Drillinstruktor Vitali wohl alles noch in seiner Wohnung vorhaben könnte, bis diese seinen Vorstellungen entsprechen würde. Soweit wollte er es definitiv nicht kommen lassen. Matthias war überzeugt davon, dass nicht einmal ein Museum so eine Ordnung hätte. Wahrscheinlich war auch irgendwo in dicken Ordnern alles katalogisiert. Er kam sich schon fast vor, wie in einem Horrorfilm. Umso intensiver er über alles nachdachte, desto mehr überkam ihn der Wunsch, diesen Ort so schnell wie möglich zu verlassen. Er stopfte alles in eine Sporttasche und machte, dass er aus der Wohnung kam. Matthias riss die Haustüre auf und rannte dabei Swetlana über den Haufen.

»Oh, Entschuldigung«, stammelte Matthias und sah erst, als er wieder aufstand, wen er da umgerannt hatte. »Swetlana, was machst du denn hier?«

Wenn er gleich gewusst hätte, wer da unter ihm lag, wäre er auf jeden Fall einfach liegen geblieben. Zumindest so lange, bis sie sich beschwert hätte.

»Das könnte ich dich auch fragen«, entgegnete sie und sah Matthias dabei tief in die Augen, als sie sich wieder aufrappelte.

»Ach, ich hab nur noch ein paar Sachen für Vitali geholt. Der traut sich ja immer noch nicht zu fahren mit einem Arm. Hast du dir wehgetan?«

»Mir ist nichts passiert, keine Sorge. Und dass der das sich nicht traut, kann ich mir vorstellen. Der alte Feigling«, antwortete Swetlana und verdrehte dabei die Augen. »Ich wollte auch noch ein paar Sachen holen. Wie geht's eigentlich deiner Hand?«

»Das geht schon wieder«, antwortete Matthias locker und winkte an. »War ja halb so schlimm.«

»Es hat aber schlimm ausgesehen«, sagte Swetlana mit einer nicht zu überhörenden Bewunderung. Vitali hätte da nämlich wieder tagelang gejammert. »Willst du schnell mit hochkommen? Ich will nur noch ein paar CDs holen. Dauert nicht lange.«

Auch wenn die Verlockung, mit Swetlana alleine eine Wohnung zu betreten, unglaublich groß war, musste Matthias darauf verzichten. Noch ein Besuch in diesem Ordnungswahnsinn würde er sicher nicht ohne seelische Qualen überstehen können.

»Sei mir nicht böse, aber in dieser Wohnung bekomm ich Albträume, so ordentlich wie da alles ist. Ich warte aber gerne hier auf dich. Vielleicht können wir noch was zusammen unternehmen.«

»OK, das wäre schön. Nicht weglaufen«, sagte Swetlana und zwinkerte ihm zu, als sie durch die Tür ging.

Matthias bekam schon wieder Herzklopfen und konnte es kaum abwarten, irgendwo vielleicht mit ihr alleine sein zu können. Schließlich war sie ja die Sexgöttin schlechthin.

Obwohl sie nicht wirklich lange gebraucht hatte, um zu finden was sie suchte, schaffte es Matthias seine Gedanken schon wieder in die immer gleiche Richtung zu lenken, wenn die Ex-Freundin seines Mitbewohners präsent war. Und das musste nicht einmal in körperlicher Form sein. Die letzten Tage hatte es gereicht, wenn nur ihr Name gefallen war, um ihn mindestens in die blaue Lagune zu schicken. Aber meistens lief dieser Streifen nur als Vorspann und ohne weitere Anlaufzeit befand er sich in Szenen, die man nur in Filmen, die in der Mediathek in einem abgetrennten Raum stehen, findet. Doch nachdem sie heute direkt vor ihm gestanden hatte, oder eigentlich unter ihm gelegen war, sprangen seine Gedanken ohne Vorspann in den Erwachsenenbereich.

Dementsprechend heftig zuckte er auch zusammen, als Swetlana wieder zur Haustüre heraus kam und ihn ansprach.

»Oh, hab ich dich erschreckt«, fragte sie und sah dabei von oben herab auf Matthias hinunter. Er saß auf der Eingangsstufe und war nicht gleich fähig zu antworten, als er zu ihr hoch geschaut hatte. Sie hatte wieder mal einen Minirock an, der nicht wirklich weit über ihre zwei prallen Pobacken reichte. Wäre der Winkel ein wenig günstiger gewesen, hätte er wohl sagen können, ob sie Unterwäsche trug oder nicht. Um ein Haar hätte er sogar angefangen zu sabbern, wenn er sich nicht selbst zur Beherrschung ermahnt hätte, in dem er für Swetlana unverständlicherweise seinen Kopf schüttelte, um wieder einen klaren Gedanken fassen zu können.

»Äh, was?«, stammelt Matthias schon wieder. »Nein, nein. Ich war nur gerade in Gedanken.«

»OK, dann lass uns abhauen, bevor der Ordnungswahnsinn auch noch von uns Besitz ergreift.«

»Wo willst du denn hin?«, fragte Matthias. »Ich bin für alles offen.«

»Echt?«, antwortete Swetlana hoffnungsvoll. »Vitali war eigentlich nie für irgendwas offen. Nicht mal im Bett, wenn es keiner gesehen hat.«

»Oh«, war das einzige, was Matthias´ Stimmbänder schafften nach außen zu transportieren.

»Tschuldigung, war das jetzt zu intim?«

»Nein, auf keinen Fall«. Den Gedanken, dass sie ruhig noch viel intimer werden könnte, behielt er aber für sich.

»Gut, dann bist du genau der Richtige, um mit mir in die Stadt zu gehen. Ich brauch einen neuen Push-Up. Du kannst mich sicher gut beraten, oder?«

Swetlana konnte sich ihre extreme Offenheit zwar selbst nicht erklären, aber sie hatte das Gefühl, dass Matthias genau der, oder zumindest einer von denen war, den sie mit den coolen Typen, mit denen sie vögeln wollte, auf ihrem Abschiedsbrief gemeint hatte. Und ihr war ziemlich egal, was irgendjemand von ihr dachte. Sie wollte Spaß. Und das am besten jetzt sofort. Matthias war mal wieder für einen kurzen Moment sprachlos. Und obwohl dieser Moment nur eine gute Sekunde gedauert hatte, reicht er aus, um gleich eine ganze Reihe an Aktionen und Reaktionen in seinem Körper auszulösen. Unter seinen Achseln bildete sich aus purer Aufregung schon der kleine Bruder vom Bodensee. Auf seiner Stirn sammelten sich die ersten Schweißtropfen, die nur darauf warteten in seine Augen zu laufen. Das schlimmste aber war die Beule in seiner Hose, die eigentlich kaum zu verbergen war, da er an diesem Tag eine lockere Bermudashorts als Beinkleid gewählt hatte. Er konnte das gar nicht verstehen. Sonst war er schließlich immer eine coole Sau gewesen, und jetzt so was. Vor allem fragte er sich, wie Vitali es geschafft hatte, diesen Reizen zu widerstehen. Wahrscheinlich litt sein Freund an einem Gen-Defekt. Anders war das auf keinen Fall zu erklären.

»Aber sicher doch«, antwortete er, nachdem er endlich seine Fassung, irgendwo im letzten Winkel seines Körpers, wiedergefunden hatte. Um die Schwellung im Genitalbereich musste er sich aber noch irgendwie kümmern. Die war äußert hartnäckig.

Die beiden stiegen ins Auto und fuhren in die Stadt. Es war ein richtig schöner Tag und auch ihnen fiel nicht auf, dass sie mit dem Auto an Vitali und Sabine vorbeigefahren waren, als diese sich gerade seiner Wohnung genähert hatten. Matthias konnte trotz funktionierender Klimaanlage nicht aufhören zu schwitzen. Was auch kein Wunder war, wenn man bedachte, dass sich Swetlanas Rock, der nicht viel breiter als ein Gürtel war, beim Einsteigen noch etwas nach oben geschoben hatte. Und sie dachte gar nicht daran, etwas an dessen Position zu verändern.

Swetlana schleppte Matthias in die Unterwäscheabteilung eines großen Kaufhauses, das wie leer gefegt war. Wenn es nicht um einen Push-Up BH für die Sexgöttin überhaupt gehen würde, hätte Matthias bei diesem traumhaften Wetter auch gegen diese Art der Freizeitgestaltung protestiert. Aber im Moment konnte er sich überhaupt nichts Besseres vorstellen. Wenn man mal von dem Direkteinstieg in das Erwachsenenprogramm der Mediathek in seinem Kopf absah. Swetlana schleppte mindestens acht Teile in die Umkleide und zog Matthias an der Hand gleich mit sich, dass er sich im Vorraum der Kabinen ihre Favoriten anschauen und beurteilen konnte. Sie zog einen BH nach dem anderen an und jedes Mal öffnete sie die Tür, um ihn einen Blick darauf werfen zu lassen. Matthias wurde schon ganz schwindelig von diesem Anblick. Jeder BH schaffte es auf seine ganz eigene Art ihre Brüste noch besser in Form zu bringen, als sie wahrscheinlich auch ohne solche Hilfsmittel eh schon waren. Beim letzten BH konnte er sich auch eine Bemerkung in diese Richtung nicht verkneifen. Und das war der Startschuss für ein Abenteuer, dass sich Matthias nicht hätte träumen lassen.

»Und? Wie findest du den?«, wollte Swetlana auch bei ihrem letzten Teil wissen.

»Wahnsinn«, antwortete Matthias und stellte fest, dass er das nun mindestens schon zum siebten Mal gesagt haben musste. »Aber bis jetzt haben alle super ausgesehen. Ich wette, deine Brüste würden auch ohne BH genauso gut aussehen.«

Swetlana schaute ihn für einen Moment wortlos an und Matthias fragte sich schon, ob er jetzt vielleicht doch zu direkt gewesen war. Sein Puls raste und die Dauererektion, mit der er schon seit der Autofahrt zu kämpfen hatte, drohte sogar seine locker geschnittene Bermudashorts zu zerreißen. Und plötzlich öffnete

Swetlana kommentarlos ihren BH. Ganz langsam ließ sie die Träger über die Schulter rutschen. Einen Moment lang hielt sie ihren Push-Up noch mit beiden Händen vor der Brust fest, bevor sie Matthias einen Blick auf die wohl perfektesten Brüste im ganzen Universum gewährte. Er stand ihr gegenüber und war nicht fähig einen Laut von sich zu geben. Kurz bevor er dann wohl endgültig angefangen hätte zu sabbern, zog Swetlana ihn mit beiden Händen in die Kabine. Sie drehte sich mit ihm um, sodass er an der Rückwand der Kabine lehnte. Glücklicherweise hatte dieses Kaufhaus abschließbare Kabinen. Nachdem was Vitali alles erzählt hatte, war sich Matthias aber sicher, dass ihr das wohl scheißegal gewesen wäre. Wahrscheinlich wäre ihr sogar ein Vorhang gleichgültig gewesen. Sie küsste ihn so fordernd, dass Matthias im ersten Moment klar geworden war, es würde nicht dabei bleiben. Sie ging in die Hocke und befreite endlich seinen Freund aus der unbequemen Lage. So wie Swetlana an die Sache ran ging, hatte Matthias ernsthafte Bedenken, dass er fertig sein würde, bevor Swetlana richtig angefangen hatte. Doch der kleine Matthias hatte ein Einsehen mit dem großen Matthias und er überstand das heftigste Vorspiel aller Zeiten, ohne in eine peinliche Situation zu geraten. Swetlana stand wieder auf und drückte ihn auf den Hocker in der Ecke. Ohne eine Sekunde zu verschwenden, setzte sie sich auf ihn. Bis auf die kurzzeitigen Bedenken, die Geräusche aus der Kabine würden die locker leichte Kaufhausmusik übertönen, erlebte Matthias den besten Sex seines Lebens. Swetlana übertraf seine wildesten Fantasien und als die beiden Hand in Hand, aber ohne Push-Up BH das Kaufhaus wieder verließen, hatte er ernsthafte Bedenken, dass der Pudding in seinen Beinen auf den gesamten Körper übergreifen könnte und er bei den nächsten Schritten einfach umfallen würde.

»Warum hast du eigentlich keinen BH mitgenommen«, fragte Matthias, als ihm auffiel, dass dies der eigentliche Grund des Kaufhausbesuches war. Zumindest ging er davon aus.

»Weil ich keinen brauche«, antwortete Swetlana und schaute ihn mit einem lüsternen Lächeln an.

»Aber, du wolltest doch ...«, fing Matthias an, bis ihm klar wurde, was sie damit gemeint hatte.

»Nein«, sagte Swetlana. »Ich wollte von Anfang an nur dich.«

Matthias schüttelte grinsend den Kopf und war seinem dämlichen Mitbewohner unglaublich dankbar für dessen ausgeprägte Unfähigkeit, was Frauen anging. Vitali hatte allen Ernstes gesagt, dass er Swetlanas sexuelle Fantasien abartig fand. So ein Vollidiot. Den restlichen Tag verbrachten die beiden zwar ohne Sex, aber egal was sie zusammen machten – Matthias fand irgendwie alles scharf an ihr. Sie hatte ja auch keine Gelegenheit ausgelassen, ihm zu zeigen, was ihr Lieblingshobby war. Sie genoss es, genauso wie er, endlich einen Gleichgesinnten gefunden zu haben. Ihr wurde relativ schnell klar, dass sie mit ihrer Suche nach den oder dem coolen Typen schon am Ziel angelangt war. Zumindest wenn sich nicht noch rausstellen würde, dass Matthias irgendwelche völlig perversen Vorlieben hatte, oder aber der Ordnungswahn ihres Ex-Freundes bereits auf ihn übergegriffen hatte. Was ja auch irgendwo pervers gewesen wäre. Aber ihr erschien beides als ziemlich unwahrscheinlich und so hatte sie eine riesige Freude daran, den kleinen Matthias mit ihrem Fußballen zu massieren, während sie gerade in einem Straßencafé saßen. Sie störten auch die vorwurfsvollen Blicke nicht, die sie von einer Mutter zugeworfen bekommen hatte, die mit ihrem etwa zwölfjährigen Sohn ein Eis essen war. Zu dessen Leidwesen wies seine Mutter ihn an den Stuhl zu wechseln, dass er dieses sündige Treiben nicht länger beobachten musste.

Nachdem Matthias Swetlana schweren Herzens wieder bei ihrer Freundin, mit der sie sich im Moment die Wohnung teilte, abgesetzt hatte, kamen ihm schon die ersten Zweifel, ob das mit der Männer-WG noch lange Bestand haben würde. Nur, wie sollte er das seinen Mitbewohnern klarmachen, nachdem sie gerade mal zehn Tage zusammengewohnt hatten? Auf der anderen Seite wollte er auch nichts überstürzen. Er versuchte sich noch eine ganze Weile einzureden, dass auch Swetlana einen Haken haben könnte, um nicht gleich heute Abend seine Mitbewohner rauswerfen zu wollen. Aber ihm fiel keiner ein. Trotzdem wollte er erst noch eine Nacht darüber schlafen, bevor er Vitali und Aydin die Sache mit Swetlana erzählen würde. Gerade Vitali machte ihm Sorgen. Er hatte keine Ahnung, wie er ihm das beibringen sollte.

# Kapitel 17.3 – Tag 10 (Schicksalstag einer Männer WG Teil 3)

Aydin fasste, während er seiner eintönigen und verhassten Arbeit nachging, einen Entschluss. Er ließ alles stehen und liegen und machte sich noch vor der Mittagspause auf den Weg, die Firma zu verlassen. Auf die Frage seines Chefs, was er denn gerade vorhabe, fiel ihm nur eine knappe Antwort ein. Und es war ihm auch scheißegal, was er darüber denken würde.

»Ich bin mal für ein paar Monate weg«, sagte er und reagierte nicht einmal mehr, als sein Chef in eine wutentbrannte Rede über Pflichtbewusstsein und Moral verfiel. Aydin war klar geworden, dass er auf keinen Fall ohne Lena leben wollte. Auch wenn die Männer-WG mit Sicherheit nicht langweilig werden würde. Aber das Zusammenleben mit seiner Lena konnte es einfach nicht ersetzen. Er hatte gedacht, er würde sie nicht brauchen. Doch da hatte er sich herb getäuscht. Es war zwar unheimlich schwer sich das einzugestehen, aber er war ein totaler Idiot gewesen und wollte nun versuchen zu retten, was zu retten war. Mit allen Konsequenzen.

Er hatte gehofft, dass seine zwei Mitbewohner, die ja eigentlich krankgeschrieben waren, zu Hause sein würden, um ihnen seine Situation erklären zu können. Er hatte sich auch schon die passenden Antworten für eventuell schwierige Gegenargumente von Matthias zurechtgelegt. Dieser würde ihn sicher bei seinen Eiern packen und versuchen, das letzte bisschen Männlichkeit in ihm zu erhalten. Doch das war ihm völlig egal. Er wusste, was er wollte. Und wenn das in den Augen seiner Mitbewohner einer Kastration gleichkam, dann sollte es eben so sein.

Doch wie immer in den paar Tagen ihrer Männer-WG war natürlich keine Sau da, wenn man mal jemanden brauchte. Beide waren weg und keiner hatte es für nötig gehalten, ihm wenigstens einen Zettel hinzulegen.

»So muss ich mich wenigstens nicht rechtfertigen«, murmelte Aydin vor sich hin und fing an, ein paar Sachen in einen großen Rucksack zu stopfen. Er hatte zwar keine Ahnung in welchem Land dieser Ort lag, den ihm Lenas Mutter genannt hatte, aber Afrika ist sicherlich überall furchtbar heiß. So beschränkte er sich ausschließlich auf leichte Sommerbekleidung und hoffte einfach, dass am Flughafen irgendjemand wusste, wie er zu Lena kommen würde. Dafür waren die ja schließlich da. Und wenn nicht gleich ein Flieger gehen würde, wollte er eben solange warten, bis einer startete. Bevor er ging, nahm er sich eine halbe Stunde Zeit und schrieb seinen zwei Mit-bewohnern einen, für seine Verhältnisse ungewöhnlich langen, Abschiedsbrief. Darin erklärte er seine Beweggründe und versicherte mehrfach, dass er noch niemals so gerne mit dem Gesicht auf dem Teppichboden aufgewacht war. Selbst die regelmäßigen Kopfschmerzen und Schweißausbrüche wegen übertriebenem Alkoholkonsum waren eine schöne Erinnerung für ihn. Vor allem die Abende auf der Männer Couch würde er vermissen. Er wünschte seinen Freunden alles Gute für die Zukunft und wurde fast ein bisschen sentimental, als er seinen Namen unter den Brief setzte. Die Zeit war zwar extrem kurz, aber dafür sehr intensiv gewesen. Und alles, was passiert war, hatte wohl dazu beigetragen, dass er endlich die Dinge klar vor Augen hatte. Es gab keine Zweifel mehr.

Bei seinem letzten Gang durch die Wohnung zogen die letzten zehn Tage noch einmal an seinem geistigen Auge vorüber. Zumindest die Dinge, an die er sich noch erinnern konnte. Beim Blick ins Badezimmer musste er schmunzeln, als ihm die Sache mit Vitali wieder einfiel. Wie er mit Matthias zusammen vor der Dusche gestanden hatte und sie durchs Bad gehüpft sind, weil Vitali endlich einen feuchten Traum gehabt hatte.

»Oh Mann, das war jetzt echt geballtes Erlebniswohnen in zehn Tagen«, lachte Aydin.

Er machte sich auf den Weg zum Flughafen und hoffte so sehr wie noch nie, dass Lena gnädig mit ihm sein würde und ihm verzeihen könnte.

# Kapitel 17.4 – Tag 10 (Schicksalstag einer Männer WG Teil 4)

Wolfgang Zwölfgang und Ölaf saßen, wie so oft nach dem Training, alleine zusammen und blieben, bis das Fitnesscenter seine Pforten schloss. Draußen auf der Eingangstreppe platzte es dann aus Ölaf heraus.

»Nu, Wolfgang. Was meinst du? Sollen wir nicht auch eine Männer-WG gründen? Ich fand das super bei Matthias und den anderen.«

Wolfgang, der von der sexuellen Ausrichtung Ölafs wusste, war nicht abgeneigt, aber wollte sofort eines klarstellen.

»Brauchs aber net meine, dass mich antatsche kanns, wenn wir zusamme in WG ziehen.«

»Nu, du bist eh nicht so mein Typ. Also rein äußerlich«, antwortete Ölaf und Wolfgang Zwölfgang bekam gerade noch die Kurve und bemerkte, dass Ölaf dabei ein Lächeln aufgesetzt hatte, bevor er die Aussage persönlich nehmen konnte.

»Gut. Aber meiner wärs du auch net«, gab Wolfgang zurück und hob die Hand, dass Ölaf einschlagen konnte. Die Sache war geklärt, obwohl noch keiner der beiden wusste, welche Wohnung sie denn nun für ihr vorhaben nehmen sollten. Aber das war ja auch nicht so wichtig. Die Grundsatzfrage war geklärt und alles andere würde von alleine kommen. Auch wenn die beiden, zumindest was den Charakter anging, auf den ersten Blick ziemlich verschieden waren, verbanden sie doch einige Dinge. Einmal war es natürlich der Sport. Sie trainierten beide wie die Besessenen. Und dann war da noch die gemeinsame Vorstellung, wie das Leben eigentlich sein sollte. Der Bundeskanzler sollte von einer Bodybuilder-Partei gestellt werden, der selbstverständlich dafür sorgen würde, dass Fitnessstudios beitragsfrei sein würden. Sonnenstudios müssten ebenfalls mit der Krankenkasse abrechnen können und Wolfgang und Ölaf müssten eigentlich die begehrtesten Typen überhaupt sein. Es war zwar nicht im Entferntesten so, aber die beiden konnten schon immer darüber sinnieren, wie das Leben eigentlich sein sollte. Sie malten sich Szenarien aus, die wohl für eine Einweisung in die Psychiatrie ausreichen würden, wenn ihre ausschweifende Fantasie von anderen gehört werden würde. Obwohl es schon spät war, beschlossen die beiden ihren Entschluss noch gebührend zu feiern. Da beide in der Regel nur Eiweiß- und Kohlehydratgetränke zu sich nahmen, dauerte es nicht lange, bis sie ziemlich besoffen waren und wieder in eine Erinncrungswclt cintauchtcn, dic zwar kcincr dcr bciden erlebt, aber sicher schon einmal irgendwie im Kino gesehen hatte. Eigentlich war es ohne Alkohol schon haarsträubend, was die beiden sich zusammen-reimten. Aber mit Alkohol grenzte es schon fast an Wahnvorstellungen. Fast ist falsch. Es grenzte definitiv an Wahnvorstellungen.

»Weißt du was?«, lallte Wolfgang seinem zu-künftigen Mitbewohner entgegen.

»Klar weiß ich was, nu«, antwortete Ölaf.

»Ja aber weißt du, was ich weiß?«

»Woher soll ich das wissen?«

»Dann pass mal auf!«

»Ich pass auf, nu!«

»Die Aerobictussi und die Hammerwurftante planen Verschwörung.«

»Echt?«, fragte Ölaf und konnte überhaupt keine Verbindung zwischen den beiden herstellen. Außer, dass sie beide nicht sehr gut auf Wolfgang zu sprechen waren. Wobei seine ehemalige Kollegin ihre Probleme ja eher mit Matthias hatte und deshalb ge-kündigt hatte. Und eigentlich hatte er auch gar keine Lust sich darüber Gedanken zu machen, denn Wolfgang würde ihn ja nun aufklären.

»Echt!«, war die bestimmende Antwort.

»Ja, und weiter?«

»Was weiter?«, stellte jetzt Wolfgang die Gegen-frage und verdrehte schon langsam die Augen. Für einen Moment hatte er keine Ahnung von was Ölaf gesprochen hatte.

»Na die Sache mit der Verschwörung, nu«, sagte Ölaf und war selbst kurz davor mit dem Kopf auf den Tisch zu knallen.

»Ach so«, antwortete Wolfgang. »Die Verschwörung, genau. Jetzt pass mal auf!«

»Ich pass doch schon die ganze Zeit auf.«

»Echt?«

»Echt! Nu!«

»Hab gestern Aerobictussi mit Hammerwurftante in der Stadt gesehen. Haben ausgesehe, als würden sie sich kennen.«

»Kann ja sein, nu.«

»Warum kann das sein?«

»Warum nicht?«, fragte Ölaf und hatte immer mehr Schwierigkeiten, in dem was Wolfgang Zwölfgang so vor sich hin philosophierte, irgendeinen Sinn zu erkennen. Es drängte sich ihm langsam der Gedanke auf, dass sein Gegenüber genauso wenig wusste, was er da so von sich gegeben hatte, als er selbst.

»Brauchs jetzt aber net meine, nur weil ich keine tausenpotenzigen Beweise parat hab, dass ich mir alles aus Fingern gesaugt hab.«

»Beweise für was?«, wollte Ölaf eigentlich schon gar nicht mehr wissen. Doch er redete schneller als er denken konnte und wenn er jetzt nicht bald seine Klappe halten würde, konnte das wohl noch ewig so weitergehen.

»Beweise für Verschwörung. Für was denn sonst?«

»Nu!«

»Ich weiß schon, wie Hase läuft«, bekräftigte Wolfgang Zwölfgang noch einmal seine Aussage. »Erst zweimal blöd nachfragen und dann den Arschlochweibern glauben.«

»Was glauben?«, fragte Ölaf und überlegte gleichzeitig, ob das mit der WG wirklich so eine gute Idee gewesen war. Aber er schob es dieses Mal einfach auf den Alkohol und nahm sich nun endgültig vor, nicht mehr auf Wolfgangs wahnwitzige Verschwörungstheorie einzugehen. Er wusste ja noch nicht einmal, um was es dabei ging. Genauer, als eine Verschwörung im Allgemeinen, konnte er die Bedenken seines Gegenübers noch nicht einordnen.

»Na Verschwörung, hicks«, war der letzte halbwegs verständliche Satz, den Wolfgang Zwölfgang an diesem Abend von sich geben konnte, bevor er ohne Vorwarnung seitlich von seinem Stuhl gefallen war. Ölaf ließ ihn kurzerhand liegen, bis er die Rechnung bezahlt hatte, und schleppte ihn danach irgendwie nach Hause. An das Wie konnte er sich allerdings selbst nicht mehr erinnern. Genauso wenig, wie an das Thema, um das es bei der Verschwörungstheorie gegangen war. Als Wolfgang am nächsten Morgen auf Ölafs Couch die Augen aufgemacht hatte, sah er gerade Ölaf an sich vorbeilaufen.

»Bin ich schon eingezogen? War wohl so schnell, dass ich gar nix mitbekommen hab.« Wolfgang erlebte oft Situationen, in denen er so maßlos von sich überrascht war, dass er kurz davor stand, ein Fan von sich selbst zu werden.

»Guten Morgen«, sagte Ölaf und verbuchte auch diese merkwürdige Aussage unter den Nachwirkungen des gestrigen Abends. Oder aber, Wolfgang hatte einen extrem trockenen Humor.

Ölaf tendierte aber eher zu den Nachwirkungen. Die Wahrheit entsprach aber nichts von beidem. Wolfgang Zwölfgang hatte einfach einen gewaltigen Sprung in der Schüssel. Was man ihm aber nicht übel nehmen konnte, weil er es irgendwie in eine liebenswerte Art packte. Daher wollte sich Ölaf wohl auch nach wie vor, auf das Abenteuer Männer-WG einlassen.

# Kapitel 18 – Das Gewissen an Tag 11

Morgen«, sagte Matthias, als er ins Bad kam und sich auf die Toilette setzte, während Vitali sich gerade die Zähne putzte.

»Morgen«, war die Antwort, auf die eigentlich ein empörter Kommentar hätte folgen müssen, wenn alles ganz normal gewesen wäre. Aber das war es scheinbar nicht. Also, dass bei ihm selbst seit dem gestrigen Tag nichts mehr normal war, wusste Matthias ja. Aber bei Vitali schien auch irgendwas nicht zu stimmen.

»Alles klar bei dir?«, fragte Matthias, als sein Mitbewohner gerade dabei war, kräftig mit einer medizinischen Mundspülung zu gurgeln. Matthias konnte von seiner Position aus sogar die Blubberblasen sehen, die um ein Haar aus Vitalis Mund gequollen wären. Aber nur um ein Haar. Er hatte selbst die Blubberblasen voll im Griff.

»Wieso fragst du?«, stellte Vitali die Gegenfrage und fühlte sich ertappt. Ertappt, weil er gestern mit Sabine eine ausschweifende Putzorgie gefeiert hatte und ihn deswegen sowieso sein schlechtes Gewissen plagte. Er hatte die letzte Nacht kaum geschlafen und fühlte sich wie gerädert. Er hatte die ganze Zeit überlegt, wie er Matthias beichten könnte, dass das Leben in einer Männer-WG vielleicht auf Dauer doch nicht das richtige für ihn wäre. Wobei die Beichte was Sabine anging, eigentlich noch viel schlimmer für ihn sein würde. Komischerweise sah Matthias auch nicht viel besser aus als er. Und das, obwohl der gestern so früh wie noch nie und ohne diverse Feierabendbierchen ins Bett gegangen war. Irgendetwas war auch bei ihm merkwürdig.

»Du beschwerst dich nicht, obwohl ich auf dem Klo sitze und du dir gleichzeitig die Zähne putzt. Das gab es noch nie. Bei dir stimmt was nicht. Ich merk das.«

»Man gewöhnt sich eben an einiges«, log Vitali. Und das auch noch ziemlich schlecht.

»Glaub ich dir nicht«, entgegnete Matthias und fühlte sich in seiner Haut schon deutlich wohler, nur weil er spürte, dass seinem Kumpel auch etwas auf dem Herzen lag. Doch beide hatten bis zum Frühstück nicht den Mut, dem anderen von seinem Erlebnis zu erzählen. Als Vitali die Sachen auf den Esstisch räumte, fiel ihm plötzlich Aydins Abschiedsbrief in die Hände. Und sofort wurde ihm klar, dass er nicht einmal mitbekommen hatte, dass Aydin gar nicht mehr da war. So sehr war er mit sich selbst beschäftigt. Aber sein Mitbewohner scheinbar auch. Denn er hatte bis jetzt das Fehlen von Aydin auch noch nicht kommentiert.

»Ist dir noch nichts aufgefallen?«, fragte Vitali.

»Eigentlich nicht«, antwortete Matthias. »Außer, dass mit dir irgendwas nicht stimmt. Aber das hab ich dir ja vorhin schon gesagt.«

»Aydin ist weg.«

»Hä?«, kommentierte Matthias die Aussage von Vitali. »Wo soll er denn sein?«

Plötzlich fiel auch ihm auf, dass er Aydin gestern Abend überhaupt nicht gesehen hatte. Matthias riss die Tür zu dessen Zimmer auf und sah auf Anhieb, dass sein türkischer Mitbewohner gepackt hatte. Alle Schranktüren standen offen und der Inhalt war über das Bett verteilt. Da war wieder Arbeit für Vitali angesagt. Aber das hatte bis später Zeit.

»Auf dem Weg nach Afrika«, antwortete Vitali.

»Was will er denn in Afrika?«

»Lena suchen!«

»Aha«, kommentierte Matthias und nahm das plötzliche Verschwinden von Aydin als Übergang zur Beichte wegen Swetlana. Zumindest ein bisschen wollte er beichten. Dass er hemmungslosen Sex in der Umkleidekabine mit der Ex-Freundin seines Mitbewohners gehabt hatte, wollte er lieber verschweigen. Aber im Allgemeinen würde die Situation sicher nicht besser werden.

»Ich muss dir was sagen«, äußerte sich Matthias ungewohnt vorsichtig.

»Ich dir auch«, entgegnete Vitali und schaute nicht weniger verlegen. Das war ein Fehler, den Matthias sofort ausnutzte.

»Echt? Was denn?«, wollte er wissen und witterte eine Chance, seine Beichte doch noch etwas hinaus zu zögern. Pflichtbewusst wie Vitali nun eben war, diskutierte er auch nicht länger darüber, wer denn seine Neuigkeit zuerst loswerden sollte. Das schlechte Gewissen war einfach zu stark gewesen.

»Ich hab mich gestern mit Sabine getroffen. Zufällig aber nur. Es war wirklich nicht geplant.«

»Nein«, antwortete Matthias übertrieben schockiert und war gleichzeitig froh, dass er nun ganz locker, ohne ein schlechtes Gewissen zu haben, von seinem Date mit Swetlana erzählen konnte.

»Doch. Und ich hoffe du bist mir nicht böse deswegen.«

»Wenn du mir nicht böse bist, dass ich mich gestern auch ganz zufällig mit Swetlana getroffen habe, bin ich dir auch nicht böse.«

»Was?«, platzte es nun aus Vitali heraus, den die Sache im Gegensatz zu Matthias doch ein wenig härter getroffen hatte. Obwohl es dafür keinen Grund gegeben hatte. »Und was habt ihr gemacht?«

»Kaffee getrunken«, beschränkte sich Matthias auf einen Teil der Wahrheit.

»Sonst nichts?«

»Ein bisschen einkaufen noch.«

»Na gut. Ich hatte schon befürchtet, sie wäre gleich über dich hergefallen.«

»Und was habt ihr gemacht?«, stellte Matthias die Gegenfrage, um sich gedanklich wieder ein wenig von der Umkleidekabine zu entfernen. Sein kleiner Freund zeigte trotz der frühen Tageszeit schon deutliche Reaktionen bei diesem Thema. Und für eine Morgenlatte war es schon zu spät.

»Wir sind spazieren gegangen«, antwortete Vitali und schaffte es aber nicht, die Putzorgie für sich zu behalten. Für ihn kam das zwar annähernd mit Geschlechtsverkehr gleich, aber er musste seinem Freund einfach von diesem großartigen Ereignis erzählen. Irgendwie hoffte er, sein Freund würde Verständnis dafür haben, dass man sich so etwas schließlich nicht entgehen lassen konnte.

»Und wir haben geputzt.«

»Ihr habt geputzt!?«, fragte Matthias und kam nicht um den Gedanken herum, sein Mitbewohner sei ein noch größerer Idiot, als er angenommen hatte. Leider hatte er aber schon lange keine Steigerungsformen mehr dafür parat.

»Ich weiß, das ist schon sehr intim. Tut mir leid.«

»Du hast doch echt einen an der Waffel.«

»Das versteh ich jetzt nicht.«

»Muss man gleich beim ersten Date putzen? Das ist doch nicht normal. Ist euch denn echt nichts Besseres eingefallen?«

»Ich hatte auch Bedenken, dass es vielleicht gleich zu persönlich sein könnte. Ich hoffe du denkst jetzt nicht allzu schlecht von mir.«

Vitali war ernsthaft besorgt. Er fing sofort an, sich Vorwürfe zu machen. Matthias dagegen schüttelte einfach nur den Kopf und bediente sich ausnahmsweise einmal Vitalis typischer Handbewegung. Er winkte beidhändig ab.

»Egal. Viel wichtiger ist: Wie geht's jetzt eigentlich weiter mit uns? Nachdem unser Aydin sich still und heimlich aus dem Staub gemacht hat, sind wir ja sowieso nur noch zu zweit.«

»Da hast du recht. Ist das eigentlich überhaupt noch eine WG?«, wollte Vitali wissen und hoffte gleichzeitig, dass Matthias von sich aus ihr Zusammenleben infrage stellen würde. Irgendwie sah Vitali die WG mit Matthias schon fast ein bisschen als Nachteil an, was die Entwicklung der Dinge mit Sabine betraf.

»Klar. Wir können ja noch Sandro und Alex fragen«, antwortete Matthias eigentlich nur im Spaß und spürte aber sofort ein gewisses Potenzial seinen Freund noch ein wenig zu ärgern. »Und vielleicht wollen ja Ölaf und sein Kumpel Wolfgang Zwölfgang auch noch mit einziehen.«

Vitali wurde es ganz schwindelig im Kopf. Das war nicht die Richtung, in die er das Gespräch hatte lenken wollen.

»Meinst du wirklich?«

»Mensch Vitali. Du hättest definitiv noch ein paar Wochen oder Monate Männer-WG nötig.«

»Wie meinst du das denn jetzt schon wieder?«

»Du weißt eben immer noch nicht, was Spaß ist. Hallo! Mir geht's doch genauso wie dir. Auch wenn ich mir geschworen habe, so schnell nichts mehr mit einer Frau anzufangen, steh ich wohl wieder kurz davor.«

»Boah, und ich dachte schon, du siehst das ganz anders.«

Matthias kam in diesem Moment das erste Mal in seinem Leben der Gedanke, dass das Schicksal manchmal doch einfach die Dinge in die Hand nimmt. Diese Fügung, die sich in den letzten paar Wochen ergeben hatte, half gleich mehreren Menschen auf einmal. Gut, Aydin hatte wohl noch ein bisschen zu tun, bis das Familienglück wieder hergestellt sein würde, aber bei ihm und Vitali war es eindeutig.

»Vitali, mein Freund«, fing Matthias an. »Das Schicksal hat es einfach mal gut mit uns gemeint. Es saß wahrscheinlich irgendwo vor seinem allwissenden Flachbildschirm und wir wurden ihm als oberste Priorität angezeigt.«

»Hä?«, fragte Vitali völlig irritiert ob dieser ungewohnten Aussage seines Noch-Mitbewohners.

»Überleg doch mal. Es muss viel zu offensichtlich gewesen sein, dass wir beide einfach mit den falschen

Frauen zusammen waren. Und weil jeder von uns mit der Frau des anderen viel glücklicher werden würde, hat das Schicksal beschlossen, uns auf dem Umweg der Männer-WG ins Glück zu führen.«

»Das hast du schön gesagt«, antwortete Vitali verträumt. »Aber wie passt Aydin dazu? Also zu deiner Schicksalstheorie.«

»Dem musste mal gezeigt werden, wie das Leben überhaupt funktioniert. Der hatte ja keine Ahnung von gar nichts, weil ihm schon immer alles abgenommen wurde. Deshalb muss er jetzt eben ein bisschen mehr dafür tun. Aber auch er wird es schaffen.«

»Der Prophet hat gesprochen.«

»Amen«, sagte Matthias und war sich sicher, dass diese Ereignisse auf jeden Fall abschließend und ein letztes Mal allein unter Männern gefeiert werden müssten. Selbst Vitali war in diesem Punkt seiner Meinung. Er hatte nur eine Bedingung.

»Wir feiern im Freien. Ich hab nämlich keine Lust wieder den ganzen Tag die Bude zu putzen. Wir nehmen uns einen Grillplatz und helfen alle zusammen.«

»Genau. Super Idee. Und wir laden einfach noch mal die gleichen Leute ein, die bei der Einweihungsfete dabei waren. Und vielleicht noch den Wolfgang. Der hat ja einen unglaublichen Unterhaltungswert. Der darf bei so was eigentlich nicht fehlen.«

»Super. So machen wir es«, freute sich Vitali. Zum Teil, weil er nun quasi die Absolution seines Freundes für die immer enger werdende Beziehung zu dessen Ex-Freundin erhalten hatte, und zum Teil, weil er mit dem Gedanken an ein komplett geordnetes und strukturiertes Leben, das Chaos einer Männer Fete locker ertragen konnte.

»Am besten gleich dieses Wochenende. Das Wetter soll super werden«, bekräftigte Matthias. Auch er konnte nicht verdrängen, dass ihm der Gedanke des baldigen Auszuges seines Mitbewohners, sehr entgegen kommen würde. Vor seinem geistigen Auge hatte sich schon wieder die ganze Erwachsenen-abteilung seiner Mediathek versammelt und veranstaltete die Hardcore-Version der alljährlichen Erotikmesse.

Er konnte es kaum abwarten, zusammen mit Swetlana seine Wohnung auf eine Art und Weise zu erkunden, wie es mit Bine undenkbar gewesen wäre. Vitali dachte zwar, was Bine und seine Wohnung anging dasselbe, aber bei ihm hatte es im Gegensatz zu Matthias nichts mit Sex zu tun.

# Kapitel 19 – Der letzte Tag (Das Fest)

Bei den Vorbereitungen war es für Vitali und Matthias irgendwie komisch, den Abschied ganz ohne Aydin zu feiern. Er hatte sich zwar kurz gemeldet, um Bescheid zu geben, dass er gut angekommen sei und sich auf den Weg machte, Lena ausfindig zu machen. Ungewohnt war es aber trotzdem, auch wenn sie noch gar nicht lange zusammengewohnt hatten. Lena war wohl in einem ziemlich entlegenen Örtchen hängen geblieben, das nur recht umständlich mit dem Bus erreicht werden konnte. Bei Aydins Organisationstalent hatte Vitali ernsthafte Bedenken, dass er jemals wieder aus Afrika zurückfinden würde.

»Mach dir keine Sorgen«, sagte Matthias zuversichtlich. »Auch wenn das bei dir vielleicht nicht so ist, aber die meisten Männer sind doch schwanzgesteuert. Sein kleiner Freund wird ihn zielsicher zu Lena führen.«

»Oh Mann, musst du eigentlich immer alles auf dasselbe Thema reduzieren?«

Matthias überlegte kurz, legte die Stirn in Falten, um zu signalisieren, dass er sich auch ernsthaft darüber Gedanken machte und sah seinem Freund,

der für einen Moment wirklich angenommen hatte
eine ernsthafte Denkübung zu erkennen, tief in die
Augen.

»Ja«, antwortete Matthias und er setzte ein Grinsen
auf, das seine diebische Freude darüber bestens zum
Ausdruck gebracht hatte.

»Kann es sein, dass es vielleicht auch noch andere
Qualitäten als Sex in einer Beziehung geben kann?«

»Kann sein.«

»Siehst du«, stellte Vitali zufrieden fest und freute
sich einen kurzen Moment über den geglaubten Teilerfolg.

»Muss aber nicht«, schloss Matthias das Thema ab
und Vitali beschränkte sich als Antwort auf beidhändiges Abwinken. Er hatte keine Ahnung, wie oft er
in den letzten Tagen diese Bewegung ausgeführt hatte.

Die beiden packten ihren Teil der Zutaten für das
Abschlussfest in den Kofferraum von Matthias'
Wagen und fuhren an den Grillplatz, der etwas außerhalb der Stadt lag. Das Wetter war zwar nicht wirklich
ideal, was auch ein Grund dafür war, dass Vitalis Auto
als Transportmittel ausfiel, aber so brauchten sie sich
schon keine Sorgen machen, ob vielleicht andere die
Grillstelle schon belegt hatten. Die Aufgaben wurden
durch Vitali in ziemlich gleichgroße Teile an die Gäste
verteilt. Außer Wolfgang Zwölfgang, der hatte keine
Aufgabe bekommen.

»Warum eigentlich nicht?«, wollte Matthias wissen.

»Glaubst du, ich hab Lust mich von Fitnessriegeln und Eiweißdrinks zu ernähren? So wie der aussieht, lebt der doch von dem Zeug.«

»Oh, der Herr Gerechtigkeitsfanatiker wird doch nicht auf einmal Vorurteile wegen des Äußeren haben?« Matthias konnte die kleine Genugtuung, die er wegen der doch ganz offensichtlich diskriminierenden Aussage seines Freundes verspürte, nicht verbergen. So etwas aus seinem Mund war eigentlich undenkbar gewesen. Und alle anderen mussten bei solchen Bemerkungen immer irgendwelche Belehrungen über sich ergehen lassen.

»Muss das jetzt sein?«, fragte Vitali, der selbstverständlich selbst schon dafür gesorgt hatte, ein schlechtes Gewissen zu haben. Und nun drückte Matthias auch noch seinen Finger in die Wunde.

Als die beiden am Ort des Abschieds angekommen waren, hantierten Rolihlahla und Sandro schon an den Stangen des Pavillons, das sie aufbauen wollten. Es war ein sehr interessanter Anblick. Vitali wollte zwar sofort aus dem Auto springen und helfen, aber Matthias hielt ihn zurück.

»Warte mal kurz«, sagte er zu Vitali. »Das können wir uns doch nicht entgehen lassen.«

»Aber«, wollte Vitali intervenieren, kam jedoch nicht dazu seine Moralpredigt zu beginnen.

»Nichts aber. Ein bisschen Spaß muss sein, und bevor du mir jetzt mit einer Predigt kommst, solltest du lieber an deine und meine Hand denken. Schließlich sind wir immer noch verletzt. Wir müssen da nicht helfen.«

Kommentarlos ließ sich Vitali wieder zurück in den Sitz des Wagens sinken und schaute aus dem Fenster, in die entgegengesetzte Richtung, in den Wald. Er wollte sich im Gegensatz zu Matthias nicht über die Missgeschicke der anderen amüsieren.

Rolihlahla war gerade dabei die Zeltstangen der Anleitung nach auf dem Boden auszubreiten. Sandro dagegen hatte noch damit zu tun ein geeignetes Plätzchen für sein bescheuertes Nadelstreifenjackett zu finden, damit es nicht schmutzig werden würde. Ganz abgesehen davon, dass es auch so ziemlich das unpassendste Kleidungsstück für ein Grillfest im Freien war. Irgendwann war er dann fündig geworden und wollte gerade anfangen zu helfen, als Rolihlahla selbst Hand an die Stangen legte. Er nahm zwei Stück davon hoch und versuchte sie frei ineinander zu stecken. Dabei musste er so starke Ausgleichsbewegungen machen, und traf die Öffnung zum Zusammenstecken der Rohre dabei trotzdem nicht, dass er damit Sandro mit voller Wucht an der Stirn erwischt hatte. Dieser ging freiweg zu Boden und zu Matthias´ Verwunderung merkte Rolihlahla nicht einmal etwas davon.

»Oh je«, sagte Matthias. »Ich glaube es wird jetzt schon Zeit einzugreifen. Nicht, dass wir einen Krankenwagen brauchen, bevor wir überhaupt mit dem Feiern angefangen haben.«

»Siehst du«, sagte Vitali heute schon zum wiederholten Male.

»Wenn du jetzt nicht gleich mit dem „siehst du„ aufhörst, musst du zur Strafe das Pavillon mit Rolihlahla alleine aufbauen. Und das überlebst du wahrscheinlich nicht. Und außerdem brauchst du mir heute nicht mit Moral kommen, nachdem du ganz offensichtlich unseren Wolfgang diskriminierst.«

»Ich bau gleich gar nichts mehr auf«, sagte Vitali beleidigt. Und während sich die beiden immer noch über die Aussage von Matthias gestritten hatten, klemmte sich Rolihlahla beim Zusammenstecken der Zeltstangen den Finger ein. Was zumindest dafür gut war, dass Matthias und Vitali verbal wieder voneinander abließen und sich endlich auf den Weg zu ihren Freunden machten. Weniger gut war es für den Aufbau des Pavillons, der nun an den beiden Einhändigen alleine hängengeblieben war, da der Rest der Truppe viel zu spät dran war. Der Grill war schon fast einsatzbereit, als Ölaf, Wolfgang und Alex gemeinsam auftauchten. Und trotz aller Beteuerungen seitens Vitali hatte Wolfgang doch etwas zum Grillen mitgebracht.

»Braucht net meine, dass ich nix mitbring«, rief Wolfgang freudestrahlend den anderen zu. Er hatte zwei Tüten in der Hand und hob diese in die Höhe. Was drin war, konnte man allerdings nicht erkennen. Er machte sich auch nicht die Mühe seinen Speiseplan den anderen mitzuteilen. Stattdessen fiel sein Blick auf einen Holzstapel im Wald, der aus fein säuberlich aufgetürmten Meterstücken gespaltenem Holz bestand.

»Klasse«, sagte er und ging zurück zu seinem Auto. Das war zwar alt, aber passend zu ihm in den Abmessungen deutlich überdimensioniert. Es war ein riesiger Pick-Up, der kurz vor dem Rosttod gestanden hatte. Er griff auf die Ablagefläche und zauberte eine Axt hervor. Natürlich auch viel größer, als die handelsübliche Ausführung aus dem Baumarkt. Damit rannte er auf den Holzstapel zu, nahm sich ein paar Stücke weg und drosch wie ein Besessener darauf ein. »Das fällt nicht auf, da steht eh genug rum«, rief er den anderen zu, die dieses Schauspiel von Weitem beobachtet hatten.

»Oh je«, sagte Matthias. »Das arme Holz.«

»Nu, und ich muss mir keine Sorgen machen, wer in Zukunft für das Brennholz zuständig ist«, fügte Ölaf hinzu. Alle Augen waren plötzlich auf ihn gerichtet und es dauerte ein kleines Bisschen, bis Matthias die Stille mit der Frage durchbrochen hatte, die eh jedem auf der Zunge lag.

»Seit ihr etwa ein Pärchen?«

»Was?«, zuckte Ölaf zusammen.

»Du hast doch gesagt, du stehst nicht auf Frauen«, erklärte Matthias seine Frage. »Und da ich Tiere als mögliche Partner bei dir ausgeschlossen habe, bin ich mal davon ausgegangen, dass du auf Männer stehst. Wenn du davon sprichst, dass unsere menschliche Baumfällmaschine hier zukünftig für Brennholz sorgen wird, liegt doch die Vermutung nahe, dass euch Amor einen fetten Pfeil in den Brustmuskel geschossen hat.«

Während Matthias´ Ausführungen wuchsen die Ohren der Zuhörer auf die Größe von Rhabarberblättern an. Nur Wolfgang bekam davon nichts mit, der die Meterstücke in Windeseile zu kleinen handlichen und ofenfertigen Holzscheiten verarbeitet hatte.

»Ach so«, lachte Ölaf ein wenig verlegen. Ihm war gar nicht mehr bewusst gewesen, dass er in der Anwesenheit von Matthias Andeutungen bezüglich seiner sexuellen Ausrichtung gemacht hatte. »Nein, wir dachten nur, es wäre nicht schlecht, auch eine Männer-Wg zu gründen.«

»Das ist ja geil«, jubelte Matthias. »Mensch Vitali, jetzt wissen wir wenigstens, wo wir hinkönnen, wenn wir wieder einmal einen Zufluchtsort brauchen.« Er klopfte seinem Gerade-noch-Mitbewohner auf die Schulter und fand die Aussicht klasse, zukünftig an anderer Stelle immer noch Männerpartys feiern zu können. Vitali dagegen bezog die Aussage seines Freundes auf ein mögliches Einziehen in die WG von Ölaf und Wolfgang. Sofort setzte sich ein wohntechnischer Horrorfilm vor seinem geistigen Auge in Gang, den er gleich wieder versuchte auszublenden. Er sagte lieber gar nichts zu diesem Thema, denn ein anderer Anblick ließ in seinem Kopf alle Alarmglocken erklingen. Er sah, wie sich Rolihlahla auf Wolfgang zu bewegte und dieser ihm auch noch die Axt in die Hand gab. Er war zwar fern aller Vorurteile was den Nachbarn aus der Männer-WG betraf, aber das konnte definitiv nicht gut gehen.

»Matthias«, rief Vitali. »Wir müssen was unternehmen.«

Er zeigte in die Richtung von Rolihlahla und Wolfgang. Matthias reagierte blitzschnell und rannte los. Doch Rolihlahla verschwendete keine Zeit und holte mit der riesigen Axt aus. Dabei blieb es zum Glück auch und Matthias konnte sein Tempo verlangsamen. Der Hobbyholzfäller im Indianerlook unterschätze deutlich das Gewicht von Wolfgangs Axt. Was bei ihm locker leicht ausgesehen hatte, entwickelte sich für Rolihlahla zu einer unlösbaren Aufgabe. Er schaffte es zwar, die Axt nach oben zu schwingen, aber die daraus resultierende Fliehkraft hatte er überhaupt nicht mehr unter Kontrolle. Die Wucht der Axt riss ihn ein Stück mit nach hinten, bis sein Griff nicht mehr stark genug war, sein Werkzeug zu halten. Rolihlahla stürzte rückwärts zu Boden und die Axt flog bis zum nächsten Baum, in dem sie stecken geblieben war.

»Der Griff ist wohl nicht optimal ausgearbeitet«, war der Kommentar den Rolihlahla von sich gab, nach dem er sich wieder aufgerappelt und das Laub von sich abgestrichen hatte. Matthias starrte ihn wortlos an, weil er mittlerweile wusste, dass sein merkwürdiger Nachbar eine ganz eigene Sicht der Dinge hatte. So weit war Sandro komischerweise noch nicht gekommen.

»Mensch Rolih«, rief er. »Geiler Wurf.«

Und auch Wolfgang Zwölfgang konnte sich einen Kommentar nicht verkneifen. Aber nur, weil er nach Sandros Bemerkung davon ausgegangen war, dass der Indianerverschnitt diese Aktion mit voller Absicht veranstaltet hatte.

»Brauchs net meine, dass hier einen auf Axtwerfer machen kanns, nur weil mal ein Glückstreffer gelandet hast.«

Diese Aussage kam selbst Rolihlahla spanisch vor. Normalerweise blendete irgendeine Instanz in seinem Hirn sofort alle Ungereimtheiten aus. Seine Freunde Sandro und Alex hatten dieselbe Gabe, was zur Folge hatte, dass jeder andere nicht umhin kam, sich gelegentlich über deren Konversation zu wundern. Matthias dagegen kam nicht um den Gedanken herum sich vorzustellen, wie es wäre, wenn Rolihlahla, Sandro und Wolfgang eine WG gründen würden.

»Obwohl«, brummelte er leise und mit einem diebischen Grinsen im Gesicht vor sich hin. »Die würden wahrscheinlich noch kürzer zusammen-wohnen als wir. Aber nur, weil das keiner länger als vier Tage überleben würde, wenn diese Chaoten auf einem Haufen wären. Die bräuchten definitiv einen Zirkusdirektor.«

Das Grillfest, das zuerst als Abschieds- und Auf-lösungsfeier der Männer-WG gefeiert wurde und nachträglich auch zur vorläufigen Gründungsfete der WG von Ölaf und Wolfgang erklärt wurde, verlief erstaunlich reibungslos. Zumindest bis zu dem Moment, als Wolfgang wieder eingefallen war, dass er ja auch noch etwas zum Grillen mitgebracht hatte. Eigentlich war er ja schon satt gewesen und getrunken hatte er auch viel zu viel, aber sein Meisterstück der Grillkunst wollte er den anderen nicht vorenthalten.

»Geh mal schwind was holen«, lallte Wolfgang Zwölfgang den anderen zu. Diese wiederum wunderten sich über seine ausladenden Bewegungen, als sie ihn beobachteten, wie er ziemlich wild auf der Ladefläche seines Pick-Ups hantierte. Nach gut zwei Minuten schien er fertig zu sein und lief freude-strahlend zurück zum Grill. Die Hände und seine Grillüberraschung hatte er hinter seinem Rücken ver-steckt.

»Jetzt zeig schon!«, rief Matthias und die anderen fingen gleich darauf an ihn anzufeuern. Nur Vitali hatte ein ungutes Gefühl dabei, das zumindest für sein Empfinden bestätigt wurde, als Wolfgang sein Grillgut der gierigen Meute zeigte.

»Bierhähnchen!«, rief Wolfgang und alle außer Vitali jubelten. Ihm tat das arme Huhn leid, das gewaltsam über die Bierdose gestülpt wurde. Wolfgang stellte das geschändete Hähnchen auf den Grill und schnappte sich noch ein Bier.

»Gibt Dessert«, kommentierte er noch kurz seine Aktion und widmete sich seinem Gerstensaft.

Während sich keiner um das gequälte Hähnchen scherte und alles seinen gewohnten Gang ging, konnte Vitali seine Augen nicht von diesem bizarren Bild nehmen.

»Das ist doch nicht normal«, grummelte Vitali vor sich hin und hätte am liebsten eine Hähnchen-rettungsaktion gestartet. Oder Greenpeace informiert.

»Jetzt hab dich mal nicht so«, sagte Matthias und legte seinen Arm um Vitali. Ein bisschen Wehmut überkam Matthias schon dabei, wenn er daran dachte, dass die doch meistens lustige Zeit mit Vitali und Aydin schon wieder vorbei sein sollte.

»Aber jetzt schau dir das doch mal an«, jammerte Vitali, der heute scheinbar besonders sensibel war. Zum einen wohl des Alkohols wegen und zum anderen, weil er auch einen kleinen Abschiedsschmerz verspürte. Komischerweise hatte er das Gefühl, dass ihm das eigentlich sehr befremdliche Zusammenleben mit den zwei Chaoten doch ein wenig fehlen würde. »Das ist doch kein würdevoller Abgang. Schau dir doch das arme Hähnchen mal an. Wie es da auf dem Grill steht. Mit einer Bierdose im Arsch.«

»Das Bierhähnchen ist ein kulinarischer Grillgenuss der Extraklasse. Kannst du auch mit einer Coladose machen. Je nach gewünschtem Aroma. Aufgespießt in einem Hähnchenwagen zu verenden ist auch nicht viel besser, würde ich sagen.«

»Aha. Wie du meinst. Und es ist auch normal, dass die Bierdose langsam Beulen bekommt?«, fragte Vitali, dem die Verformung des Grillobjektes nicht ganz geheuer war.

»Was?«, fragte Matthias eigentlich eher sich selbst und kniff die alkoholgeschwängerten Augen zusammen, um besser sehen zu können. Und tatsächlich schien es in der Bierdose mächtig zu brodeln. »Oh oh, ich glaube das ist nicht gut.«

Matthias suchte mit seinen Blicken nach Wolfgang, der mal wieder dabei war, eine Demonstration seiner Stärke abzuliefern, indem er versuchte einen recht ordentlichen Baumstamm in seinen Händen zu balancieren, wie die Teilnehmer der Highlandgames.

»WOLFGANG«, schrie Matthias und der Adressat ließ vor Schreck den Stamm los. Der wiederum kippte dummerweise auf das mühsam aufgebaute Pavillon und zerstörte es im Bruchteil einer Sekunde.

»WAS DENN?«, schrie dieser fragend zurück, völlig unbeeindruckt von der Vernichtungskraft seines Baumstamms.

»Hast du die Dose auch aufgemacht?«, wollte Matthias wissen und suchte dabei schon nach einem geeigneten Wurfgeschoss, um das Hähnchen bei Bedarf vom Grill zu befördern.

»Oh, weiß nich mehr. Kann sein, dass ich im Eifer von Gefecht vergessen hab, Lasche zu ziehen.«

»Scheiße«, rief Matthias, schleuderten den Ast in Richtung Grill und war trotz aller Voraussicht zu langsam. Die Dose hielt dem Druck des mittlerweile kochenden Inhaltes nicht mehr stand und explodierte, kurz bevor der Ast am Grill angekommen war. Zum Glück hatte die Dose ihre schwächste Stelle am Oberteil und das brodelnde Bier schoss dem eh schon misshandelten Hähnchen mit voller Wucht ins Innere. Es flog in hohem Bogen und mehreren Einzelteilen durch die Luft. Ein Schlegel landete zufällig genau vor Rolihlahla auf dem Tisch.

»Und noch nicht mal durch«, sagte er und beäugte kritisch das halb fertige Geflügelteil. Der Rest des Hähnchens war nicht mehr aufzufinden und das kochende Bier hatte zum Glück niemanden getroffen. Was bei den anwesenden Personen eigentlich anders zu erwarten gewesen wäre.

Trotz des Schreckens, dass dieses kleine Hähnchen verbreitet hatte, brachen alle in schallendes Gelächter aus. Nur Wolfgang nicht. Der brauchte wieder etwas länger, um zu verstehen, dass nicht wegen ihm und schon gar nicht über ihn gelacht wurde.

»Braucht net meine, nur weil Hähnchen explodiert ist, könnt ihr lache. Hab wenigstens super Idee gehabt«, wetterte er und riss sich aus purer Verzweiflung schon wieder ein Bier auf. Dieses Mal war es Ölaf, der seinen zukünftigen Mitbewohner wieder beruhigen konnte.

»Hat doch keiner wegen dir gelacht, nu. Du darfst nicht alles gleich persönlich nehmen.«

»Meinst?«, fragte Wolfgang.

»Nu«, antwortete Ölaf.

»OK. Geh dann mal zu Auto und hol noch was zu trinken. Habt ja schwind fast alles leer getrunken, wie ich Baumstamm gestemmt hab.«

»Was?«, fragte Vitali entsetzt, der froh war, dass endlich die Vorräte etwas abgenommen hatten. Ihm kam das Bier schon fast zu den Ohren raus. »Ich kann nicht mehr.«

Sandro stand neben ihm, zog seine pechschwarze Sonnenbrille ein Stück herunter und blickte Vitali in die Augen.

»Ein Mann muss tun, was ein Mann tun muss«, war wieder eines der Filmzitate, die Sandro so gerne von sich gab. Auch wenn es nicht wirklich sinnvoll war. »Heute ist das Ende einer Ära. Das muss gebührend gefeiert werden.«

Indessen schleppte Wolfgang vier Kisten Bier auf einmal an den Grillplatz. Im Mund hatte er noch eine Flasche Schnaps, die Matthias ihm sofort abnahm.

»Du wolltest aber nicht hier überwintern, oder?«, wollte Alex wissen.

»Ölaf hat gemeint, ihr sauft wie Löcher«, verkündete Wolfgang und sprach mittlerweile noch undeutlicher als sonst. »Hab gedacht, bevor Bier nicht reicht, halt ich noch schwind bei Getränkefritze und hol paar Kasten. Jetzt kann´s losgehen.«

»Jetzt geht's los, jetzt geht´s los«, stimmten sofort alle ein und selbst Vitali sang mit.

»Scheiß drauf. Morgen ist alles vorbei«, sagte er. »Heute lass ich es richtig krachen.«

»Wahnsinn«, rief Matthias, der trotz des Gesanges die Aussage von Vitali vernommen hatte und zückte sofort sein Handy.

»Was machst du?«, wollte Vitali wissen.

»Ich schreib Aydin, dass du freiwillig saufen willst. Das gibt's ja gar nicht«, frohlockte Matthias. »Mein Einfluss hat doch noch was gebracht.«

»Oh je, meinst du?«

»Keine Angst, ich sag nichts zu Sabine. Morgen bist du ja eh wieder der alte Spießer. Aber jetzt muss ich das trotzdem Aydin schreiben. Der flippt aus. Der organisiert sofort ein Stammesfest in Afrika.«

»Ich bin nicht spießig«, verteidigte sich Vitali.

»Ja ja«, antwortete Matthias und tätschelte dem Mann, dessen Passbild wahrscheinlich neben dem Wort Spießer im Duden abgedruckt wurde, die Schulter.

Der Rest des Abends verlief bis auf die nacheinander einsetzenden Ausfallerscheinungen aller Anwesenden, komplikationsfrei. Nicht einmal Rolihlahla konnte für weitere Katastrophen sorgen. Dafür war er definitiv zu betrunken. Irgendwann kippte er einfach rückwärts von der Bank und blieb liegen. Der einzige, der an eine Art Übernachtungsmöglichkeit gedacht hatte, war Sandro. Er hatte das Zelt aus dem Yps Heft, das noch aus den Achtzigern stammte, dabei. Auf die Zeltstangen verzichtete er, als er die erste, beim Versuch sie in den Boden zu rammen, abgebrochen hatte. Er benutzte das Restzelt als Decke und schlief, wie alle anderen, auf dem Boden. Nur Vitali schaffte es auch noch mit geschätzten drei Promille sich auf die Ladefläche von Wolfgangs Pick-Up zu schleppen, um wenigstens eine trockene, wenn auch unbequeme, Unterlage zu haben. Ölaf war irgendwann einfach und ohne Vorwarnung umgefallen. Wolfgang gesellte sich beim Versuch ihn aufzuheben dazu und Matthias schlief irgendwann, an einen Baum gelehnt, ein. Er war zufrieden. Und das obwohl sein Vorhaben, nie mehr der Frauenwelt zu verfallen, schon nach wenigen Tagen gescheitert war.

Aber er war nicht der einzige, für den die Lösung doch keine Männer-WG war. Trotz allem entwickelte sich die kurze Zeit des Zusammenlebens in der Zukunft zu einem unerschöpflichen Thema für Männerabende. Es wurde fast zu einem Mythos. Und jeder der drei Bewohner war sich sicher, mit dieser WG den eigenen Jakobsweg gegangen zu sein. Den Weg zu innerer Klarheit. Auch wenn diese oft darin bestanden hatte, sich am Morgen auf der Toilette den Vortag noch einmal durch den Kopf gehen zu lassen und der Kloschüssel den Namen Jörg zu geben. Nur durch dieses unwiederbringliche Erlebnis wussten nun Matthias, Vitali und Aydin wo sie hingehörten. Andere wiederum hatten diesen Weg noch vor sich.

# Prolog – Das Leben nach der WG

Die einzigen, für die diese knapp zwei Wochen keinerlei Veränderung gebracht hatten, waren Sandro und Alex.

Am Morgen nach der Feier waren sie die ersten, die wieder unter den Lebenden waren. Sandro, der natürlich in seinem mittlerweile ziemlich ramponierten Nadelstreifenanzug geschlafen hatte, war immer noch davon überzeugt, dass er durch sein Outfit zum unwiderstehlichen Italiener wurde. Es war eigentlich völlig unerklärlich, warum er an diesem Image so krampfhaft festhielt, obwohl sich auch nach einer recht langen Zeit kein spürbarer Erfolg eingestellt hatte. Trotzdem fühlte er sich nach wie vor gut und setzte auch an diesem Morgen seine schwarze Sonnenbrille auf, obwohl es am Himmel eher nach Regen ausgesehen hatte.

»Die Familie schläft noch«, kommentierte er die Szenerie im Wald, in der eigentlich niemand, außer total erledigten Männern, zu finden war. Bei genauerem Hinschauen machte er noch einen Hähnchenflügel im Gebüsch aus. Aber das war es dann schon.

Alex nahm seinen Matrixmantel, in den er sich die Nacht über eingewickelt hatte, und setzte sich neben Sandro.

»Was für ein Fest«, stellte er fest und versuchte das Ausmaß seiner Kopfschmerzen dadurch zu verringern, dass er sich einfach nicht mehr bewegte.

Für alle anderen brach an diesem Morgen eine neue Zeitrechnung an. Rolihlahla zog nach ein paar Wochen endlich mit seiner Wolke zusammen. Die Renovierung seiner Wohnung hatte sich zuerst verzögert, weil er sich schon beim Aufstellen der Leiter, die er zum Streichen benötigt hatte, die Finger so sehr eingeklemmt hatte, dass er für einige Zeit arbeitsunfähig war. Was sich im Nachhinein als Segen erwiesen hatte, denn irgendwann kam er auf die glorreiche Idee, seine beiden Hausmeisterkollegen Hans und Franz mit den Sanierungsarbeiten zu beauftragen. Das durfte natürlich keiner mitbekommen. Aber wer schließlich in einem geheimen Geheimbüro einsam gegen das Übel auf der ganzen Welt ankämpfen konnte, würde es mit Sicherheit auch hinbekommen, zwei Kollegen zweckentfremdet einzusetzen, ohne dass die Behörde etwas davon mitbekam. Hans und Franz ließen sich für ihr Stillschweigen noch ein kleines Trinkgeld geben und waren nach der anfänglichen Diskussion bereit, diese Tätigkeit nach bestem Wissen und Gewissen auszuführen.

»Hä?«, und eine scheibenwischerartige Handbewegung vor seinem Gesicht, war der ursprüngliche Kommentar von Franz gewesen. Sein Kollege Hans witterte aber einen lukrativen Zusatzverdienst und haute seinen Chef kurzerhand trinkgeldtechnisch übers Ohr. Dafür bekam Rolihlahla auch eine perfekt renovierte Wohnung, die ganz nach seinen, aber vor allem nach Wolkes Vorstellungen hergerichtet wurde. Und sie bekamen auch noch ganz nette Nachbarn.

Matthias und Swetlana zogen nämlich in die ehemalige Männer-WG. Die wurde allerdings erst einmal gar nicht renoviert. Viel mehr verbrachten die beiden die meiste Zeit damit, sich jedes Zimmer ausgiebig für ihre ausgedehnten Sexspielchen vorzunehmen. Gelegentlich waren sie sogar bei Rolihlahla und Wolke in der Wohnung zu hören. Aber der dachte, die schauen nur irgendwelche versauten Filme an. Matthias erlebte die beste Zeit seines Lebens und nichts wurde ihm langweilig. Auch wenn sich in der ersten Zeit alles auf das Eine beschränkt hatte. Dafür aber in Tausenden verschiedenen Variationen. Was für ihn die Krönung des Ganzen war, waren die erlaubten Männerabende. Swetlana fand das nämlich männlich, wenn er mit einer Fahne nach Hause kam. Es war nicht selten, dass er auch noch in Situationen, in denen er unter normalen Umständen niemals mehr seinen kleinen Freund zum Aufstehen hätte bewegen können, von ihr gefordert wurde. Es war anstrengend, da hatte Vitali sicher recht. Aber er liebte diese Anstrengung.

Vitali dagegen ließ sich mit Bine etwas mehr Zeit. Oder sie mit ihm. Das konnte keiner so genau sagen. Doch sie bewegten sich nach wie vor auf einer Wellenlänge. Deren Zusammenleben wurde generalstabsmäßig vorausgeplant. Zuerst erstellten sie Pläne von Vitalis Wohnung. Es bescherte ihnen fast schon körperliche Freuden, ihr zukünftiges Nest zum zweihundertsten Mal neu zu überarbeiten, um beim Einzug auch ja an alles gedacht zu haben. Die Liste der Reinigungs- und Putzutensilien stand bei ihnen, im Gegensatz zu allen anderen, an oberster Stelle. Doch das war es nicht alleine, was sie gegenseitig so sehr an sich schätzten. Es war auch die Art Liebe zu machen, bei der sie sich blind verstanden. Es war eine reine Liebe. Eine fast schon klinisch reine Liebe. Bevor es zur Sache ging, wurde die extra dafür gekaufte und kochwäschegeeignete Liebesdecke über das Bett geworfen. Tücher, feuchte und trockene, wurden bereitgestellt. Und das Hygienespray für den Notfall durfte auch nicht fehlen. Das war es, was die beiden immer vermisst hatten. Vorbei waren die Zeiten von klebrigen Rückständen nach dem Liebesakt. Man sagt ja, dass auf jeden Topf ein Deckel passt. Aber dass dieser Deckel, diesen Topf gefunden hatte, grenzte fast schon an die berühmte Stecknadel im Heuhaufen. Manchmal hatte das Leben einen Sechser im Lotto eben auf andere Weise parat.

Auch Aydin wurde fündig. Nach einer ziemlich beschwerlichen Busfahrt durch das afrikanische Niemandsland kam er endlich an seinem Ziel an. Schon als er den Bus verlassen hatte, konnte er von Weitem seine Lena erkennen. Sie war gerade dabei, einer, nach den Falten zu urteilen, mindestens hundertzwanzig Jahre alten Frau zu helfen.

»Lena!«, schrie er über den überdimensional großen Sandkasten, der scheinbar den Dorfplatz darstellte. Diese ließ vor lauter Schreck die alte Frau los und schaute in seine Richtung. Aydin sah zwar, wie die Frau ganz langsam in sich zusammensackte, aber er konnte nicht anders, als dies zu ignorieren. Während er auf Lena zurannte, brach die alte Frau vollends zusammen und lag neben seiner hoffentlich schon bald wieder Freundin auf dem Boden.

»Aydin?«, sagte sie verdutzt und setzte einen fragenden Blick auf, der Aydin dazu veranlasste anzuhalten und ihr nicht sofort um den Hals zu fallen. »Was machst du denn hier?«

»Erklär ich dir gleich«, antwortete er und konnte nicht länger zusehen, wie die alte Frau sich abmühte, um wieder auf die Beine zu kommen. Er hätte sie liebend gerne ignoriert. Aber er schaffte es einfach nicht. »Ich glaub wir helfen erst mal ihr.« Aydin nickte in die Richtung der Frau und Lena war fast zu Tode erschrocken.

»Ach du Scheiße«, fluchte sie. »Pack mal mit an!«

Lena und Aydin begleiteten die Frau zurück in ihre Hütte und als diese versorgt war, begann Aydin ihr seine Geschichte der letzten Wochen zu erzählen. Gut, ein paar Details, wie seine Vorliebe mit dem Gesicht auf Teppichboden zu schlafen, ließ er weg. Aber er war ehrlich, wo immer er es sein musste. Vor allem bei den Dingen, die mit Lena zu tun hatten.

»Ich habe einfach gemerkt, dass ich ein riesengroßer Vollidiot gewesen bin. Ich hätte niemals gehen dürfen. Aber es hatte auch sein Gutes. Ich weiß jetzt wenigstens, wo ich hingehöre. Und ich muss nicht mehr zwanghaft überlegen, ob es jetzt nach außen so aussieht, als hättest du die Hosen an. Ist mir völlig egal, was die anderen denken.« Aydin machte eine kleine Pause und schaute Lena in die Augen. Er konnte nicht wirklich darin lesen. Was überhaupt nichts zu seiner Beruhigung beigetragen hatte. In ihrem Kopf schien es pausenlos zu rattern.

»Ich hoffe, du willst mir noch einmal eine Chance geben. Deshalb bin ich hier.«

Lena legte ihre Stirn in Falten und sah ihn skeptisch an.

»Aber nur unter einer Bedingung.«

»Was immer du willst«, sagte Aydin und sah sich schon mit Rock und Kopftuch das ganze afrikanische Dorf schrubben.

»Wir einigen uns auf die Bezeichnung „größter Vollidiot aller Zeiten" und du bleibst so lange hier bei mir, bis ich wieder nach Hause fliege. Das ist dann der Härtetest. Ich glaube, wenn du den bestehst, könnte ich mir sogar vorstellen, dich zu heiraten.«

»Echt jetzt?«, rief Aydin und fiel Lena um den Hals. Er küsste sie wie ein Verrückter, und als er wieder von ihr abgelassen hatte, tanzte er völlig ausgelassen über den ganzen Dorfplatz. Aber so ganz ohne Musik war das ein ziemlich befremdlicher Anblick für die Eingeborenen. Es dauerte nicht lange, bis das halbe Dorf um Aydin herum versammelt war. Der Dorfälteste war sich nicht mehr sicher, ob es wirklich ein Segen war, Hilfe aus einem fremden Land zu bekommen.

Wolfgang Zwölfgang und Ölaf hatten die größte Mühe am Morgen danach wieder auf die Beine zu kommen. Da die beiden solche Mengen an Alkohol am allerwenigsten gewohnt waren, litten sie am meisten. Für die beiden stand in den folgenden Tagen die Aufgabe auf dem Plan, eine Entscheidung herbeizuführen, welche Wohnung sie jetzt für ihre Zweier-WG nehmen sollten. Da keiner vorher jemals beim anderen war, wusste Ölaf auch noch nicht, dass es eigentlich nur seine Wohnung sein könnte, die für die

WG infrage kommen würde. Wolfgang wohnte nämlich immer noch auf einem Bauernhof bei seinen Eltern außerhalb der kleinen Stadt. Und da diese sehr konservativ eingestellt waren und einer Männer-WG auf dem Hof überhaupt nicht zustimmen würden, war schnell klar, wo die Reise hingehen würde. Wolfgang zog auch nur mit dem Nötigsten bei Ölaf ein und erzählte seinen Eltern irgendeine wahnwitzige Geschichte, warum er zukünftig kaum mehr zu Hause sein würde.

»Du bist doch ein erwachsener Mann, nu«, sagte Ölaf, der nicht wirklich verstehen konnte, warum ein Mann wie Wolfgang noch so abhängig von seinem Elternhaus war. »Du kannst doch machen, was du willst.«

»Brauchs net meine, dass ich immer mach, was Eltern sage. Bin ja auch viel unterwegs. Ich weiß schon, wie Hase läuft.«

In den ersten Tagen wurde Ölaf schnell klar, warum Wolfgang nicht wirklich souverän gewirkt hatte, als er bei ihm eingezogen war. Er hatte so gar keine Ahnung vom wahren Leben. Ölaf war überzeugt davon, dass er bis zu diesem Zeitpunkt sogar morgens noch das Pausenbrot für die Arbeit von seiner Mutter gerichtet bekommen hatte.

»Das wird ein hartes Stück Arbeit, bis der wirklich mal weiß wie Hase läuft, nu«, sagte Ölaf leise vor sich hin, als er Wolfgang dabei beobachtete, wie er mit seiner Wäsche vor der Waschmaschine stand. Das Fragezeichen vor seinem Gesicht war größer als der Wäscheständer. Das war aber nicht das eigentliche Problem. Wolfgang gab morgens manchmal ziemlich merkwürdige Geschichten von sich. Er faselte immer irgendwas davon, dass er nachts wieder ein LEBEN WIE ES SEIN SOLLTE, erlebt hatte.

Klar hatten die beiden schon unzählige Male darüber sinniert, wie das Leben eigentlich sein sollte. So mit Bodybuilder Bundeskanzler und so. Aber das, was Wolfgang im Halbschlaf unbeabsichtigt vor sich hinbrabbelte, war noch eine ganze Ecke abgedrehter. Es hörte sich manchmal so an, als wäre Wolfgang der Held eines Actionfilms. Ein anderes Mal war er der König einer Sportdokumentation. Aber alles war so undeutlich. Ölaf konnte bis jetzt aber noch nicht so weit zu ihm vordringen, um herauszufinden, was er damit gemeint hatte. Scheinbar träumte er sehr komische Dinge, die er nur im Halbschlaf erwähnte. Sobald er wach war, schämte er sich wohl für diese Gedanken. Ölaf nahm sich aber vor, der Sache auf den Grund zu gehen. Vor allem, weil er sich in seiner Freizeit seit Jahren mit Psychologie beschäftigt hatte, freute er sich auf die Aufgabe, Wolfgangs tiefsitzendes Geheimnis ans Tageslicht zu fördern. WOLFGANG ZWÖLFGANG UND DAS LEBEN WIE ES SEIN SOLLTE.

ENDE....GELÄNDE ☺

# Die kleinen Geschichten hinter den Geschichten.

Nachdem einige meiner Bücher jahrelang ausschließlich als E-Books in den Online-Shops vertreten waren, freue ich mich sehr, dass diese nun auch (wieder) in gedruckter Form im Buchhandel erhältlich sind. Aus diesem Grund möchte ich euch, liebe Leser, auch ein wenig am Hintergrund der Bücher teilhaben lassen. Natürlich nur, wenn ihr Lust dazu habt. Wenn ihr hier angekommen seid, habt ihr (hoffentlich) das Buch gelesen und mir damit eine große Freude gemacht, weil ihr mir dadurch ein wenig eurer Zeit geschenkt habt. Solltet ihr darüber hinaus auch noch Interesse an ein paar zusätzlichen Informationen zur Entstehung der Story haben, was das eine mit dem anderen Buch zu tun hat oder was für Aktionen damit stattgefunden haben, findet ihr immer am Ende der jeweiligen Geschichte (also genau hier) meine Gedanken dazu.

Viel Spaß damit....und vielen Dank fürs Lesen!

# Die Lösung ist eine Männer-WG

Die Männer-WG war ein echtes Abenteuer für mich. Am Anfang hatte ich nur die Idee, dass es vielleicht ganz lustig werden könnte, wenn drei Männer, die dasselbe Schicksal teilen, sich zusammentun, damit alles viel besser wird, als es zuvor in ihren gescheiterten Beziehungen war. Was sollte schließlich schon schief gehen, wenn Männer endlich leben konnten, wie sie sich das immer vorgestellt hatten?

Als ich mit dem ersten Kapitel Matthias beschrieb, wusste ich noch nicht, welche Charaktere ich ihm zur Seite stellen sollte. Das entwickelte sich nach und nach ganz von alleine. Natürlich immer mit dem Hintergedanken, dass die Geschichte so turbulent wie möglich werden sollte. Da passte ein liebenswerte Türke ebenso gut ins Bild wie ein pedantischer Russe. Und wie ich euch schon am Ende von Vollpfosten erzählt habe, schrieb ich die Erweiterung davon und die Männer-WG zeitgleich. So kam es dann auch, dass die Männer-WG im selben Mehrfamilienhaus einzog, wie das Rolihlahla mit seiner Wolke tat. Auch hier wusste ich noch nicht, inwieweit ich das dann überhaupt mit einfließen lassen würde, aber ich dachte, es könnte definitiv nicht schaden, wenn im Bedarfsfall ein Vollpfosten in der Nähe wäre.

Ich hatte wirklich einen riesen Spaß, die Geschichten miteinander zu vermischen. Ich hoffe ihr konntet genauso lachen, wie ich selbst. Nicht selten erntete ich fragende Blicke meiner Frau, wenn ich mit dem Laptop auf der Couch neben ihr saß und beim Schreiben laut lachen musste. Es klingt vielleicht etwas merkwürdig, aber ich war teilweise so über-rascht von den Aktionen der WG-Bewohner, dass ich mir zwischendurch nicht wie der Autor, sondern wie der Leser vorkam. Und genau das ist das Schöne dabei, wenn man eine Geschichte schreibt und keine Ahnung hat, wohin die Reise geht. Es kommt vielleicht manchmal vor, dass es etwas unübersicht-lich wird, aber in der Regel klappt es. Einmal hatte ich das Problem, dass ich völlig unbewusst den Namen eines Protagonisten mitten in der Story änderte, ohne es zu bemerken. Als ich mir dann die Geschichte am Ende wieder durchgelesen habe, stutze ich plötzlich und wusste im ersten Moment nicht, was der „Neue" da jetzt plötzlich drin zu suchen hatte. Zuerst zweifelte ich ernsthaft an mir, fand dann aber schließ-lich den Fehler und korrigierte den Namen.

Ich machte einmal den Fehler und schrieb mir nach dem ersten Drittel einer Geschichte den restlichen Verlauf komplett auf. Dann war es aber plötzlich langweilig, denn ich wusste, wie es ausgeht. Seit dem liegt das Manuskript halb fertig zu Hause, bzw. lagert unangetastet auf der Festplatte. Eigentlich eine tolle Story, aber sobald ich eine Idee für eine andere Geschichte hatte, schrieb ich daran, weil ich da ja noch nicht wusste, wie es ausgeht.

Zur Geburt von Wolfgang Zwölfgang haben Ronny Kraus und Nils Morsch einen erheblichen Beitrag geleistet. Die Art zu reden zog sich eine ganze Weile durch unseren Sprachgebrauch und entwickelte sich in verschiedenen Situationen zu einem immer wieder gerne genommenen Running Gag. Entstanden ist die Figur dann endgültig unter dem Einfluss von nicht wenigen alkoholischen Getränken an einer Faschingsbar.

Auch Ölaf hat einen Hintergrund. Zumindest bin ich fest davon überzeugt, kann mich aber leider überhaupt nicht mehr daran erinnern. Und nein, Ölaf entstand nicht an dieser Bar.

Die Story ist zwar an vielen Stellen etwas überzogen dargestellt, aber ich denke im Grunde werden sich hier viele der männlichen Leser wiedergefunden haben. Vielleicht haben ja die weiblichen Leser auch ihre Männer zeitweise gesehen. Wer weiß?

In diesem Sinne – immer schön männlich bleiben und wie immer, vielen Dank für eure Zeit.

Euer
Thorsten Peter

Weitere Bücher von Thorsten Peter:

Gedruckt und als E-Book

- Die Pubertät ist ein Arschloch
- Jesus 2.0
- Vollschlank
- LAURA ROCKT! (Gedruckt nur als Sonderausgabe beim Autor erhältlich)
- HELTER SKELTER ON WHEELS
- Die Popcornschlange

E-Books bei Chichili

- LAURA ROCKT! – Ein Abenteuer zwischen Musik und erster Liebe
- LAURA ROCKT! – Sommercamp und Bandcontest
- Vollpfosten
- Die Lösung ist eine Männer-WG
- Vollschlank
- Vollpfosten – Undercover in St. Anton
- Deppen gibt es überall – Mein Geiselnehmer ist ein Vollidiot
- LUX – Das Tor nach Luminea
- Jesus 2.0